Mythes celtiques

Du même auteur

Les Druides
Errance, 2000

Miranda Jane Green

Mythes celtiques

TRADUIT DE L'ANGLAIS
PAR MARIE-FRANCE DE PALOMÉRA

Éditions du Seuil

Titre original : *Celtic Myths*
ISBN original : 0-7141-2091-X
Éditeur original : British Museum Publications Ltd.,
46 Bloomsbury Street, Londres WC1B 3QQ, Angleterre

ISBN 978-2-02-022046-0

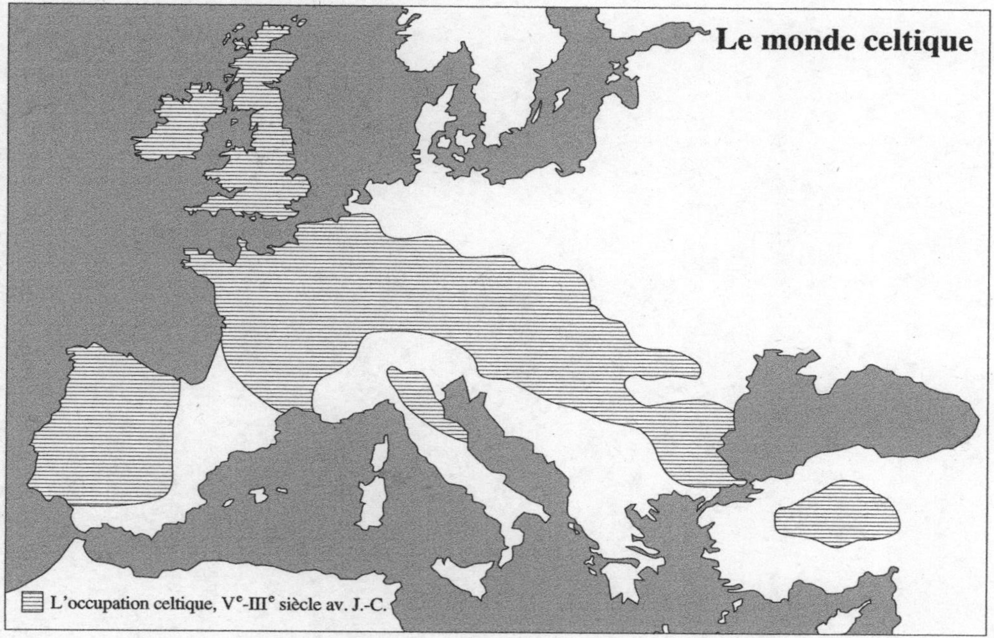
Le monde celtique
L'occupation celtique, V^{e}-IIIe siècle av. J.-C.

Que savons-nous des mythes celtiques ?

Qu'entendons-nous par « mythe » et « mythologie » ? Ce sont des termes flous qui recouvrent des sens très divers. Je dirais que les mythes s'enchevêtrent inextricablement dans le tissu de la religion. On peut les définir, pour plus de commodité, comme une histoire symbolique, l'équivalent d'une parabole, un moyen qui permet à l'imagination humaine d'exprimer une notion trop complexe et trop profonde pour être rendue par de simples intitulés. Les mythes abordent donc les questions fondamentales – qui sommes-nous ? pourquoi existons-nous ? que se passe-t-il quand nous mourons ? –, les préoccupations universelles auxquelles les explications rationnelles nées de l'expérience humaine n'apportent pas de réponses. Ils sont ainsi en mesure d'interpréter les phénomènes du monde naturel – la course du soleil, le temps, la sécheresse et les inondations – sous une forme surnaturelle. Ils existent donc en vertu de leur lien avec le divin et avec le culte. Ils renferment les traditions relatives à des êtres sacrés – les dieux et les héros – et à leur commerce avec les mortels qui charpentent des systèmes de croyances. Ici, les récits eux-mêmes, tels que les rapportent les traditions irlandaise et galloise, forment l'essence du mythe au sens le plus strict. Mais les mythes sont si étroitement associés à la religion qu'il me semble tout aussi capital d'examiner les autres témoignages des croyances celtiques, à savoir les chroniques des auteurs classiques et les matériaux archéologiques.

Le temps et l'espace celtiques

Les Mythes celtiques se proposent d'explorer la mythologie et les croyances des Celtes païens pendant la période de 600 av. J.-C. à 400 ap. J.-C., encore que certains exemples cités ici débordent ces limites. A l'apogée de son expansion (v[e]-IIIe siècle av. J.-C.), le monde celtique occupait une aire allant de l'Irlande et une partie de l'Espagne, à l'ouest, à la Hongrie et la Tchécoslovaquie, à l'est (mais comprenant aussi la Galatie en Asie mineure), et du nord de l'Écosse au nord de l'Italie et de l'ex-Yougoslavie. Les auteurs méditerranéens parlent pour la première fois des *keltoï* vers 500 av. J.-C., et c'est à cette date, peut-être même plus tôt, que les archéologues situent une certaine homogénéisation de la culture matérielle d'une grande partie de l'Europe au nord des Alpes. A partir du IIIe siècle av. J.-C., les toponymes et patronymes avalisent cette répartition géographique des peuples celtiques.

Il n'existe pas de démarcation nette entre la fin du paganisme et le début du christianisme dans l'Europe celtique. Les anciens dieux persistèrent longtemps, mais au cours du IVe siècle ap. J.-C. le monde romain adopta le christianisme comme religion d'État et, en Grande-Bretagne et en Irlande, où il semble admis que les traditions celtiques se maintinrent plus tardivement, l'Église celtique fut établie au Ve siècle ap. J.-C.

Les sources permettant d'étudier les mythes celtiques

L'étude des mythes et de la religion celtiques se heurte à une difficulté majeure : les Celtes païens ne possédaient pas de tradition écrite et ils ne laissèrent aucun texte rapportant leurs croyances et leur attitude envers le monde surnaturel. Autrement dit, nous disposons uniquement de témoignages indirects. Ceux-ci se répartissent en trois catégories, où l'on relève des tensions et des contradictions et qui doivent toutes être dans une certaine mesure examinées séparément. Ce sont les chroniques des commentateurs classiques de l'époque, les documents vernaculaires plus tardifs de l'Irlande et du Pays de Galles, et l'archéologie.

Les témoignages des commentateurs classiques

Les observateurs du monde gréco-romain s'intéressaient aux traditions, aux cultes et aux rituels de leurs voisins septentrionaux « barbares ». Leurs témoignages sont précieux parce que contemporains, mais entachés aussi de préjugés, de déformations, d'interprétations erronées et d'omissions. A la différence des Celtes, ces observateurs appartenaient à une culture dans laquelle la cité jouait un rôle majeur, au point qu'on y voyait la clef de la civilisation. A côté de cultes agrestes et individuels, la culture méditerranéenne affirmait une religion d'État organisée, fondée sur ces centres urbains. Aussi les commentateurs classiques découvraient-ils chez les Celtes un ensemble de traditions et de modes de pensée qui leur était étranger et reposait sur une religion moins élaborée. Et l'on peut craindre que les auteurs méditerranéens aient retenu, en insistant sur leur côté spectaculaire, les éléments cultuels qu'ils estimaient convenir à l'image d'un peuple primitif, vivant aux confins du monde civilisé. Le tableau qu'ils nous tracent est de toute évidence très fragmentaire. On y trouve peu d'informations sur les êtres divins et, lorsqu'il y en a, comme dans les chroniques de César, il s'y glisse une confusion et parfois une équation fallacieuse entre les divinités celtiques et romaines, la religion celtique étant souvent perçue en fonction du cadre de référence gréco-romain.

Beaucoup d'écrivains classiques font allusion, ici ou là, à la religion celtique. Une de leurs principales sources d'information fut Posidonius, philosophe grec stoïcien ; ses écrits du Ier siècle av. J.-C. ont disparu, mais plusieurs commentateurs ultérieurs exploitèrent ses observations. Nos grandes sources restent César (dont les œuvres datent du milieu du Ier siècle av. J.-C.), Strabon (fin du Ier siècle av. J.-C.-début du Ier siècle ap. J.-C.), Diodore de Sicile (vers 60-30 av. J.-C.), Lucain (Ier siècle ap. J.-C.) et Dion Cassius (fin du IIe-début du IIIe siècle ap. J.-C.). La somme de leurs écrits forme un corpus important de témoignages sur les pratiques rituelles : druidisme, divination, sacrifices humains et tradition des « têtes coupées ». Ils évoquent aussi l'attitude des Celtes à l'égard de la mort et de l'Autre Monde (l'idée que la vie après la mort reproduisait celle d'ici-bas). Il y manque, en revanche, la description précise d'un panthéon celtique ou d'un système de croyances.

Nous discernons, à l'occasion, des liens entre ces documents anciens et d'autres sources. C'est ainsi que les pouvoirs divinatoires des druides figurent dans la tradition insulaire (c'est-à-dire irlandaise) la plus ancienne. Les auteurs classiques, l'archéologie et les premiers récits celtiques attestent tous l'importance du culte des eaux, des propriétés magiques des têtes humaines et de la profonde croyance en une vie après la mort.

Les sources vernaculaires

Les premiers récits en irlandais et en gallois renferment de nombreux matériaux appartenant à une tradition mythologique celtique. Nous les retiendrons donc, de préférence aux documents archéologiques anciens, comme point de départ de notre analyse, car ils représentent les sources les plus familières aujourd'hui aux lecteurs qui s'intéressent à la mythologie celtique. Il convient néanmoins d'aborder avec prudence cette catégorie de témoignages, si l'on veut relier les mythes, et les allusions constantes de cette littérature au surnaturel, au monde des Celtes païens tel que le définissent l'archéologie ou les textes classiques. D'abord, les sources vernaculaires conservées sont tardives ; de plus, elles furent rassemblées dans un environnement chrétien, très souvent par des rédacteurs chrétiens, en l'occurrence les moines qui œuvraient dans les monastères. Ensuite, ces écrits traitent spécifiquement et uniquement du Pays de Galles et de l'Irlande, placés tous deux à la lisière occidentale du monde celtique pendant la période celtique païenne.

L'Irlande

La tradition orale irlandaise fut consignée par écrit à partir du VIe siècle ap. J.-C. Mais les manuscrits qui nous sont parvenus datent au plus tôt du XIIe siècle. Leur valeur tient au fait qu'ils renferment indiscutablement des matériaux relatifs à une phase beaucoup plus ancienne de l'implantation irlandaise, remontant peut-être à la période païenne, c'est-à-dire antérieure au Ve siècle ap. J.-C.

Trois recueils de récits irlandais en prose concernent plus particulièrement le monde surnaturel celtique. D'abord le cycle mythologique, qui comprend le *Lebor Gábala* ou *Livre des invasions* et le *Dindshenchas* ou *Histoire des lieux*, tous deux établis au XIIe siècle ap. J.-C. Le *Livre des invasions* découle de compilations bien plus anciennes établies par des moines érudits, qui constituaient une histoire de l'Irlande aux VIe et VIIe siècles ap. J.-C. Il décrit une succession d'invasions mythiques de l'Irlande avant le Déluge, se terminant avec l'arrivée des Gaëls, ou Celtes, et dont l'objet semble être la définition d'un mythe fondateur, une explication de la nature de l'Irlande et de la présence des Celtes. L'« invasion » la plus importante dans le cadre de notre propos est celle des Túatha Dé Dánann, la race divine de l'Irlande, une multitude de dieux et déesses dotés chacun de fonctions et d'intérêts spécifiques. Moins utile pour nous, le *Dindshenchas* comporte néanmoins un recueil de toponymes traditionnels, où l'origine des noms de lieux est expliquée en fonction des mythes.

Le deuxième groupe de récits forme le cycle d'Ulster, constitué pour l'essentiel d'une collection d'histoires appelée la *Táin Bó Cúalngé* (*Razzia des vaches de Cooley*). C'est la chronique du grand conflit qui opposa l'Ulster et le Connaught, les deux plus septentrionales des cinq provinces anciennes*. La *Táin* s'ancre profondément dans le surnaturel : l'Ulster est peuplé de héros surhumains, comme Cúchulainn, et de druides, comme Cathbad ; une reine déesse évhémérisée (c'est-à-dire considérée comme un personnage historique), Medb, gouverne le Connaught ; et le destin des deux royaumes repose entre les mains des deux grandes déesses de la guerre et de la mort, la Morrigan et la Bodb. Le cycle d'Ulster, comme son nom l'indique, est un récit mythique propre à l'Ulster ; on ne trouve rien de comparable dans les autres régions d'Irlande. Une partie de la version la plus ancienne de la *Táin* qui nous soit parvenue vient s'insérer dans un texte plein d'imperfections et fragmentaire du *Lebor na h Uidre* ou *Livre du*

* L'Ulster, le Connaught, le Leinster, le Munster et « Mide », ou royaume du Milieu. *[N.d. T.]*

taureau Donn. Ce manuscrit, le plus ancien en notre possession, fut établi au XIIe siècle au monastère de Clonmacnois. Mais l'origine de la *Táin* remonte à des temps beaucoup plus lointains ; la langue de sa version originelle est celle du VIIIe siècle, mais beaucoup de spécialistes pensent que certains passages sont antérieurs de plusieurs siècles, ce que d'autres contestent.

Le troisième groupe de récits se trouve dans le cycle des Fenians *, lui aussi établi au XIIe siècle. Bien que comportant moins d'éléments utiles pour l'étude des mythes, il rapporte les activités du héros, Finn, et de ses compagnons, des guerriers qui ont tous un caractère surnaturel. Ces récits doivent leur intérêt à leur étroite affinité avec le monde naturel et aux créatures surnaturelles qui l'habitent. L'attitude animiste à l'égard de ce monde présente d'étroits parallèles avec les données archéologiques attestant une religion celtique.

La prise en compte des anciennes sources insulaires (irlandaises) pour l'étude de la mythologie celtique a soulevé un ample débat. Non seulement elles furent établies à la période médiévale et dans un contexte chrétien, mais la langue utilisée dans ces récits suggère souvent qu'ils datent tout au plus du VIIIe siècle. Certaines descriptions sont fortement évocatrices de l'Irlande médiévale. Il est très hasardeux d'effectuer des rapprochements étroits entre la littérature épique irlandaise et la société celtique païenne présentée par

* Ou cycle ossianique. *[N.d. T.]*

les auteurs classiques. La cassure spatio-temporelle entre l'Europe celtique du premier millénaire av. J.-C. et l'Irlande des premiers temps historiques est trop forte pour qu'on n'en tienne pas compte. Mais on a pu prouver que la « matière » irlandaise comportait des éléments propres à une tradition celtique préchrétienne. Cet archaïsme apparaît notamment dans le cycle d'Ulster, qui décrit une situation antérieure au ve siècle ap. J.-C., à un moment où la position d'Ulster au sein de l'Irlande subissait une transformation radicale. L'organisation politique ancienne, préchrétienne, autour de laquelle s'articulent ces récits peut mieux se comprendre si l'on tient compte de la fonction des compilateurs, chargés d'établir la chronique du passé. D'autres éléments trahissent une origine païenne. Le christianisme est absent de ces légendes insulaires, et la conception du surnaturel dans le monde qu'elles décrivent appartient à une tradition préchrétienne.

Quelle que soit la date à laquelle ils furent regroupés, ces récits se caractérisent par de nombreux éléments païens et mythologiques. Pourtant de vrais problèmes surgissent lorsqu'on veut relier les mythes écrits aux données archéologiques prouvant l'existence d'une religion celtique païenne, même si certaines notions, comme le pouvoir sacré de la « triade », occupent une place importante dans les deux sources. Si elle évoque la personnalité des divinités celtiques, la littérature ne fait aucune allusion aux formes cultuelles ni aux systèmes de croyances qui leur sont associés. A de rares exceptions près, il est impossible de rattacher directement les dieux du Túatha Dé Dánann aux divinités dont les noms figurent sur des inscriptions datant du début du premier millénaire av. J.-C. La philologie permet de rapprocher le nom du dieu irlandais Nuáda de celui de Nodens, dont le grand sanctuaire sur la Severn fut érigé au IIIe siècle ap. J.-C., et il existe d'autres exemples d'identification possible, mais très rares. Le problème posé par la « matière » insulaire viendrait du « blanchiment » chrétien de la tradition païenne ; des rédacteurs qui ignoraient tout du paganisme irlandais ou lui étaient hostiles ont peut-être délibérément redéfini ou reconstruit le monde surnaturel afin de le rendre inopérant. De cette dilution de la religion celtique seuls subsistent des héros surhumains ou des dieux que l'on a coupés de leur théologie originelle.

Le Pays de Galles

La tradition vernaculaire galloise ancienne contient les éléments d'une mythologie riche, mais peu de documents viennent l'étayer, à la différence de la tradition irlandaise, et les récits tardifs portent la trace de remaniements plus conséquents. Dieu ne cesse d'y être invoqué, et la profusion de divinités païennes qui investit, par exemple, le *Livre des invasions* irlandais est absente de la tradition galloise. On observe aussi que des thèmes universels se glissent dans la trame de la

« matière » galloise ancienne. De même y relève-t-on des liens entre les traditions mythologiques du Pays de Galles et le cycle continental du roman arthurien médiéval. Dans le poème qu'écrivit au XIIIe siècle le barde Taliesin, les *Dépouilles d'Annwn*, l'Arthur gallois est un héros qui se pose en champion et défie l'Autre Monde.

Les manuscrits gallois existants comportent peu d'éléments appartenant en toute certitude à une période assez ancienne pour nous permettre d'établir un lien direct entre les mythes du Pays de Galles et la religion des Celtes païens. Ces mythes n'apportent, au mieux, qu'une contribution limitée à la reconstitution d'un culte celtique païen. La mythologie galloise est présente, mais largement remodelée au sein d'un autre contexte, au point d'en devenir presque méconnaissable. Les matériaux les plus pertinents et les plus anciens sont à chercher dans le *Pedair Ceinc y Mabinogi*, les *Quatre Branches du Mabinogi* (parfois appelées *Mabinogion*) et le conte *Kulhwch et Olwen*, ainsi que dans le *Songe de Rhonabwy et Peredur*. *Kulhwch et Olwen* rassemble peut-être les plus anciens récits mythologiques gallois, datant de la fin du Xe siècle dans leur forme originelle. Les *Quatre Branches* furent réunies pour la première fois à une période plus tardive, au XIe siècle. Deux recueils conservent la tradition galloise ancienne : le *Livre blanc de Rhydderch*, écrit vers 1300, et le *Livre rouge de Hergest*, qui date de la fin du XIVe siècle. Une grande partie de la matière de *Kulhwch et Olwen* et des *Quatre Branches* semble se rattacher à des traditions appartenant à des siècles plus anciens que ceux où ils furent consignés sous leur forme actuelle.

Tous les récits relatent les faits et gestes d'êtres surnaturels évhémérisés, dont la divinité n'est pas affirmée mais qui sont trahis par leur stature physique et morale. Les mythes gallois abondent en animaux enchantés ou magiques, en métamorphoses d'êtres humains en animaux, en têtes dotées de propriétés divines et en chaudrons capables de ressusciter les morts. Il existe des Enfers païens, Annwn, sur lequel règne Arawn, identique au monde terrestre et très voisin de l'Autre Monde décrit dans la tradition irlandaise.

Comme pour les mythes irlandais, on peut tout au plus effectuer des rapprochements ténus entre les mythes gallois et la religion celtique païenne mise en évidence par l'archéologie. Il arrive que des entités galloises puissent être directement rattachées à des divinités celtiques : Mabon le Chasseur dans *Kulhwch et Olwen* est à n'en pas douter le Maponus des dédicaces romano-celtiques du Nord de la Grande-Bretagne et de la Gaule. Les qualités surnaturelles des chaudrons, des têtes humaines et des animaux sont très étroitement apparentées aux traditions religieuses qu'on observe dans le corpus culturel des Celtes païens. A cela s'ajoutent quelques liens directs entre les mythes irlandais et gallois : changements de forme, affinités avec des animaux et chaudrons magiques illustrent l'existence d'une tradition commune.

Les données archéologiques

Les principaux témoignages directs de la période celtique païenne nous viennent de l'archéologie, c'est-à-dire de l'étude des matériaux culturels de la religion celtique. Ce sont les sanctuaires et les espaces sacrés, les rites funéraires, le comportement rituel, l'épigraphie et l'iconographie (l'imagerie diffusée, par exemple, par les sculptures, les figurines ou les pièces de monnaie). Cet ensemble de données pose lui-même des problèmes spécifiques : les archéologues ne peuvent étudier que ce qui a survécu, et l'on se heurte, de plus, à l'interprétation risquée des modes de pensée et des croyances de communautés qui vivaient il y a deux mille ans, uniquement fondée sur les vestiges matériels de ces croyances. Par ailleurs, une grande partie de l'iconographie ayant trait à la religion celtique date de la période de l'influence romaine sur les territoires celtiques, d'où la difficulté de faire la part du symbolisme et des croyances proprement celtiques et de la tradition romaine dans laquelle ils allaient si étroitement s'imbriquer.

Les données archéologiques qui nous intéressent couvrent une période comprise entre le moment où les Celtes commencèrent à se différencier par leur corpus culturel (VIIe-VIe siècle av. J.-C. environ) et la disparition officielle du paganisme celtique, celle-ci coïncidant, en gros, avec la fin de l'occupation romaine dans les territoires celtiques (vers 400 ap. J.-C.).

Il existe d'importantes preuves archéologiques de l'espace religieux celtique pré-romain. Bien qu'ils ne correspondent pas à une architecture religieuse codifiée, des sanctuaires subsistent. Mais l'espace sacré consistait souvent en des aires à ciel ouvert, des sources, des lacs et des bois sacrés. Les Celtes creusaient aussi des fosses ou des puits profonds afin de communiquer avec les puissances infernales. On trouve aussi des traces d'activités répétées et formelles qui n'ont pas de fonction manifeste et que l'on peut donc, sans trop s'avancer, qualifier de « conduites rituelles ». Elles consistent en ex-voto déposés en milieu aquatique, en destructions rituelles des offrandes et en sacrifices de créatures vivantes.

Le monde celtique « libre » ou pré-romain s'intéressait relativement peu à la représentation en pierre ou en métal des dieux (bien que les objets en bois conservés fortuitement donnent à penser qu'elle était peut-être relativement courante). Avant l'introduction d'influences gréco-romaines, qui se traduisit par un riche mélange de traditions religieuses étrangères et indigènes ayant laissé des traces abondantes dans l'archéologie, rien ne prouve de manière définitive qu'il ait existé une religion celtique. L'art celtique cultivait plus les motifs abstraits que l'imagerie figurative et ouvertement religieuse. Mais on trouve des exemples de l'iconographie en pierre du monde celtique « libre » sous la forme de statues et de reliefs, dont les plus anciens remontent au VIe-Ve siècle av. J.-C. et sont localisés principalement dans deux régions géographiques : la vallée inférieure du Rhône (peut-être en raison de la colonie grecque de Marseille, fondée en 600 av. J.-C.) et l'Europe centrale. Au cours des deux derniers siècles av. J.-C., les images figuratives devinrent plus courantes, et les représentations en bronze d'animaux, en particulier de sangliers, eurent peut-être une fonction quasi religieuse. Le chaudron cultuel en argent doré provenant de Gundestrup, dans le Jütland, une pièce exceptionnelle qui date sans doute du IIe ou du Ier siècle av. J.-C., est reconnu depuis longtemps comme un exemple d'iconographie religieuse celtique. Ses plaques intérieures et extérieures portent des scènes et des divinités mythologiques, dont certaines traduisent des influences étrangères, notamment orientales. Mais beaucoup de traits de l'imagerie sont authentiquement celtiques – le dieu cornu portant un torque et le serpent à ramure de cerf appartiennent au répertoire religieux de la Gaule – et les soldats représentés ont des armes de l'âge de fer celtique. La provenance du chaudron reste une énigme : les meilleurs ferronniers de cette période venaient du sud-est de l'Europe, de Thrace et de Dacie, et le récipient fut peut-être exécuté par des artisans étrangers à l'usage des Celtes. On peut imaginer que ces ferronniers entendirent parler de créatures étranges et les intégrèrent à leur œuvre. Récemment, on a voulu attribuer une origine indienne au chaudron de Gundestrup, mais c'est négliger l'étroite parenté de son inspiration religieuse avec celle de l'Europe celtique. Sa présence au Danemark résulte peut-être d'une incursion des Cimbres teutons venus de Gaule.

Une fois que la culture romaine eut pris possession des lieux, il se produisit une interaction entre elle et les traditions religieuses celtiques, qui, jusque-là, ne s'exprimaient pas matériellement. Elle se traduisit, entre autres, par une ample représentation des dieux, dont beaucoup étaient complètement inconnus du panthéon gréco-romain. Elle fut aussi à l'origine des inscriptions et dédicaces qui nous ont laissé les noms des divinités celtiques. Cette abondance de témoignages, qui ne surgirent que sous l'influence romaine, atteste l'existence d'une religion complexe déjà en place à la période celtique « libre ».

L'archéologie et la littérature

Des trois ensembles de données résumés ci-dessus, seules les sources archéologiques et vernaculaires apportent vraiment leur pierre à l'interprétation de la mythologie celtique. Mais les éléments qu'elles fournissent doivent être traités séparément. Les différences d'ordre chronologique et géographique déjà soulignées empêchent de les considérer comme appartenant à une même continuité. On peut néanmoins jeter des ponts entre les sources matérielles et littéraires. Les deux traditions présentent des traits communs, trop spécifiques pour être imputés au hasard : le caractère sacré de la « triade », le symbolisme du chaudron, la nature surnaturelle de la tête humaine, la croyance en un Autre Monde identique à l'univers terrestre représentent quelques-uns de ces ponts entre les deux principaux groupes témoignant des mythes celtiques.

La race divine d'Irlande

Le *Livre des invasions* relate une série d'occupations mythiques de l'Irlande, commençant avec une expédition conduite par Cesair et culminant avec l'arrivée des Gaëls (les premiers Celtes). Ce mythe des invasions a pour fonction d'expliquer la présence des Celtes historiques en Irlande. Il s'ordonne autour des Túatha Dé Dánann (peuple de la déesse Danu), une race de dieux. Le pays avait déjà été envahi par Partholon, qui dirigea la première colonisation de l'Irlande après le Déluge. Il vint de Grèce avec sa famille et une grande suite, dont trois druides. Partholon et les siens furent exterminés par la peste. Il survit dans le folklore irlandais moderne sous les traits d'un démon de la fertilité.

Les derniers envahisseurs recensés par le *Livre des invasions* furent les Gaëls, qui parlaient une langue goidélique. D'après la tradition mythique, ils descendaient des fils de Míle, venus d'Espagne. Ils s'emparèrent de la souveraineté de l'Irlande, et les Túatha Dé se réfugièrent sous terre, où ils créèrent un nouveau royaume. En abordant en Irlande, les Gaëls rencontrèrent trois déesses éponymes de ce territoire, Banba, Fotla et Eriu. Chacune demanda aux conquérants de lui promettre, s'ils réussissaient à s'établir en Irlande, de donner son nom au pays. Le « voyant », ou *file*, Amhairghin assura à Eriu que l'Irlande porterait son nom, et celle-ci prophétisa en retour que le pays appartiendrait définitivement aux Gaëls.

Les Túatha Dé Dánann

Cette race d'êtres divins, habitants mythiques de l'Irlande avant les Celtes, affirmait descendre de la déesse ancestrale Danu. Ils apportaient avec eux en Irlande quatre talismans puissants : la Pierre de Fál, qui criait lorsque celui qui devait être roi la touchait, la lance de Lug, qui garantissait la victoire, l'épée de Núada, à laquelle nul n'échappait, et le chaudron du Dagda, qu'aucune compagnie ne quittait sans être rassasiée. Les Túatha Dé étaient versés dans la magie et les pratiques druidiques. Beaucoup des dieux exerçaient une fonction particulière : Ogme était spécialisé dans l'art de la guerre, Lug dans les arts et les techniques, Goibniu était le dieu de la forge, Diancecht le dieu de la médecine.

Tout un corps de mythes et de contes se rattachait aux dieux les plus importants des Túatha Dé Dánann et à leur fonction. Le Dagda (Dieu bon), le dieu père tribal, dispensait l'abondance et la régénération. Il possédait deux attributs majeurs : une grande massue, dont l'une des extrémités tuait et l'autre rendait la vie, et un chaudron énorme et inépuisable. L'image du Dagda ne manque pas d'être ambivalente : on le décrit comme un personnage grossier et fruste, ridicule et grotesque, vêtu d'une tunique courte jusqu'à l'indécence et manifestant un appétit insatiable, et en même temps comme le puissant père de sa tribu. Mais tous ces éléments appartiennent au symbolisme de la fécondité. Plusieurs légendes relatent son union avec diverses déesses, dont Boann, déesse de la Boyne. Son association avec la redoutable furie des batailles, la Morrigan, garantit la sécurité à son peuple.

Goibniu faisait partie d'une triade de dieux artisans : lui était forgeron, Luchta ferronnier et Creidne bronzier. Ensemble, ils forgeaient des armes magiques (chacun confectionnant une partie différente) pour Lug et les Túatha Dé dans le grand conflit qui les opposait aux Fomoiré, des démons indigènes qui combattaient tous les envahisseurs de l'Irlande. Goibniu est le personnage le plus élaboré de la triade. Ses armes ne manquaient jamais leur cible et tuaient toujours. Il ajoutait à ces qualités le rôle d'hôte du festin de l'Autre Monde, où sa bière magique conférait l'immortalité. Diancecht, dieu de la médecine, tirait son pouvoir d'un mélange de magie et de pratiques d'herboristerie ; il était à la fois médecin et forgeron. C'est ainsi qu'il confectionna pour le roi Núada un bras d'argent articulé pour remplacer celui qu'il avait perdu au combat. Diancecht avait le pouvoir de guérir par la magie : il ressuscitait les membres des Túatha Dé Dánann en psalmodiant des incantations au-dessus d'un puits dans lequel on plongeait les guerriers morts au combat. Manannan était dieu de la mer, associé à toute une imagerie marine : son manteau ressemblait à l'océan et il chevauchait les vagues. Également magicien (comme son parent gallois Mannawyddan), il aidait les Túatha Dé dans leurs batailles, en leur fournissant notamment un bateau qui obéissait aux pensées de celui qui le manœuvrait, un cheval qui se déplaçait aussi bien sur mer que sur terre, et une épée, Fragarach (Celle qui répond), capable de transpercer n'importe quelle armure. Les porcs magiques de Manannan étaient un symbole de régénération ; ils pouvaient être tués et mangés un jour, et bien vivants le lendemain, prêts à être abattus pour un nouveau festin.

Parmi les dieux les mieux connus des Túatha Dé Dánann figurent Núada et Lug. Núada était le roi des Túatha Dé, mais il dut renoncer au pouvoir après avoir perdu son bras au combat, car la difformité physique disqualifiait les souverains insulaires. Núada ayant été provisoirement privé du commandement, on nomma un remplaçant pour assumer l'interrègne. Le choix se porta sur Bres (le Beau), décision pour le moins curieuse car il était à demi Fomoiré. Ce ne fut pas un bon règne : sa ladrerie causa le déclin de l'Irlande jusque-là prospère. Après leur victoire sur les Fomoiré, Bres accepta de conseiller les Túatha Dé Danann dans leurs pratiques agricoles et eut la vie sauve. Il est intéressant de noter que les Tuatha Dé se montraient d'excellents guerriers et techniciens, mais ignoraient les pratiques agricoles : ils devaient s'en remettre, dans ce domaine, aux Fomoiré indigènes. Núada redevint roi après que Diancecht lui eut confectionné un nouveau bras, et on le connut désormais sous le nom de Núada Aigerlám (Núada au bras d'argent). Mais Núada céda au découragement en voyant qu'il ne pouvait mettre un terme au conflit avec les Fomoiré, et le jeune Lug prit le commandement. Núada peut être identifié à Nodens, le dieu guérisseur de Lydney, dans le Gloucestershire : leur nom signifierait « Créateur de nuages », et peut-être étaient-ils des dieux atmosphériques.

Lug (le Brillant) était lié par le sang aux Túatha Dé Dánann et aux Fomoiré. Dieu de la lumière, on le célébrait en été, à la fête de Lugnasad. Le vocable gaulois *lugos* signifie parfois « corbeau », et il existe un lien ténu entre Lug et ces oiseaux. Lug était un héros guerrier, un sorcier et un technicien. Cette association avec les arts manuels a conduit certains chercheurs à l'identifier au Mercure gaulois, que César qualifie d'« inventeur de tous les arts ». C'est Lug qui exhorte Núada à prendre les armes contre les Fomoiré, et il orchestre les campagnes militaires qui réussissent à les mettre en déroute. Il tue de ses mains le formidable Balor, chef des Fomoiré (et grand-père de Lug). Lug utilise au combat son art magique, ainsi que l'épée enchantée et le bateau de Manannan. Le surnom de Lug, Lámfada (A la longue main), évoque peut-être l'habileté avec laquelle il maniait le javelot ou la fronde (celle-ci tua Balor).

Les mythes relatifs à Lug ne sont pas circonscrits au seul *Livre des invasions*. Le dieu apparaît dans le cycle d'Ulster sous les traits du père de l'Autre Monde de Cúchulainn, qui apaise et soigne le jeune héros après qu'il s'est battu contre les forces de Connaught.

A la suite de leur éviction par les Gaëls, les Túatha Dé Dánann établissent un royaume au-dessous de la terre, image en miroir du monde d'au-dessus. Bien que vaincus, ils gardent le pouvoir de priver les Gaëls de blé et de lait, et ils en usent pour conclure un marché avec eux. C'est ainsi qu'aux termes d'un accord mutuel l'Irlande se trouve divisée en deux parties, un monde d'en haut et un monde d'en bas. Dans leur royaume souterrain, les Túatha Dé conservent leur empire sur le surnaturel par leur magie. Chaque dieu possède un *síd* (tertre aux fées), qui fait partie de l'Autre Monde paradisiaque.

Les batailles pour la domination de l'Irlande : les Fir Bolg et les Fomoiré

En établissant leur souveraineté sur l'Irlande, les Túatha Dé Dánann durent combattre deux redoutables groupes de créatures, qui jouèrent chacun un rôle décisif dans la formation de l'« histoire » de l'île. Les derniers envahisseurs, ceux qui avaient délogé les Thúata Dé, étaient les Fir Bolg, peuple préceltique mythique qui devait sans doute son nom au dieu Builg. Les Thúata Dé vainquirent les Fir Bolg lors de la première bataille de Mag Tured et les obligèrent à s'exiler dans les îles d'Aran, où ils auraient construit le fort massif de Dun Aonghusa on Inishmore. Une tradition veut que les Túatha Dé aient autorisé les Fir Bolg à conserver la province de Connaught. C'est à Mag Tured que Núada perdit son bras.

Le second groupe que les Túatha Dé Dánann durent affronter étaient les Fomoiré (les démons d'en dessous), race démoniaque qui résidait en permanence en Irlande, auxquels Partholon s'était déjà heurté en envahissant l'île et qu'il avait combattus dans la première bataille d'Irlande. Quand les Túatha Dé occupèrent le pays, les Fomoiré entreprirent de les harceler sans trêve, pillant leur territoire et les accablant d'impôts, infligeant des châtiments terrifiants à ceux qui refusaient de s'exécuter. Les Fomoiré avaient à leur tête un chef redoutable, Balor (A l'œil torve), doté d'un œil unique et énorme qui tuait instantanément celui qui le regardait fixement et qu'aucune arme ne pouvait abattre. Balor habitait sur l'île de Tory, où il vivait dans la crainte permanente de voir s'accomplir une prophétie selon laquelle il mourrait de la main de son petit-fils. Malgré ses efforts pour retarder cette fin en tenant sa fille, Ethne, à l'écart des hommes, celle-ci devint grosse et donna naissance à des triplés. Balor les jeta à la mer, mais l'un d'eux survécut : c'était Lug, lui-même à demi Fomoiré, qui conduisit finalement les Túatha Dé à la bataille contre les Fomoiré et tua lui-même Balor d'un jet de fronde dans l'œil.

Comme les Túatha Dé, les Fomoiré sont une race divine. Balor incarne les forces négatives du mal, dont le pouvoir ne peut être tenu en échec que par la force-lumière de Lug, lui-même parent de Balor. Les Túatha Dé et les Fomoiré sont peut-être l'archétype du dualisme entre les forces de la lumière et les forces chthoniennes (c'est-à-dire liées à la terre ou au monde souterrain), source de conflit mais aussi de dépendance réciproque. Cette dimension est attestée par l'ascendance de Lug et par les pratiques agricoles des Fomoiré, indispensables au bien-être des Túatha Dé Dánann.

La royauté sacrée

Une notion puissante habite une grande partie des mythes insulaires, celle du roi sacré ou divin. Le souverain de l'Irlande était indissociablement lié à la fortune et à la prospérité du pays. C'est ainsi que la pingrerie du roi Bres entraîna la stérilité de l'Irlande. L'intronisation d'un roi se faisait traditionnellement à la cour de Tara ; c'est là que se déroulait son union rituelle à la terre, déesse de la fonction royale. Eriu était une de ses personnifications, déesse éponyme de l'Irlande qui offrait un gobelet de breuvage rouge aux rois mortels successifs pour symboliser leur union et la fructification du sol. Medb de Connaught cohabita avec neuf rois, et aucun homme ne pouvait gouverner Tara sans s'être d'abord accouplé avec elle. Les transformations de la déesse, souvent de vieille sorcière hideuse en jeune fille d'une grande beauté, symbolisent cette union entre la divinité et un mortel.

Le roi élu subissait plusieurs épreuves qui confirmaient la validité de sa candidature : le manteau royal devait lui aller, le char royal devait l'accepter, la Pierre de Fál devait crier lorsqu'il la touchait. Le roi légitime devait enfin être vu en rêve par le participant au *tarbfess* (sommeil du taureau). Une fois élu, il était entouré de toutes sortes de *gessa*, des interdits et obligations sacrées qui, s'il les transgressait, causeraient sa chute.

Le cycle de Finn

Le cycle de Finn, sous sa forme élaborée, appartient au XIIe siècle, bien qu'il comporte des éléments plus anciens. Il a pour personnage central le héros surnaturel Finn Mac Cumhaill (parfois orthographié Finn MacCool). Il est le chef des Fenians, une compagnie de guerriers dont les membres sont choisis après une mise à l'épreuve rigoureuse de leur force et de leur courage, et dont la conduite est régie par des règles et des codes stricts. Les Fenians font serment d'allégeance au roi d'Irlande, qu'ils protègent contre l'envahisseur.

Plusieurs traits de la vie de Finn attestent son statut divin. Il est élevé par une druidesse et montre très tôt une forte affinité avec la nature, que symbolise son mariage avec Sava, transformée en biche par le pouvoir maléfique du Druide Noir. Des événements mythologiques entourent le moment où Finn accède à l'âge d'homme : il acquiert la sagesse de Finnegas le Barde en consommant le « saumon du savoir » que Finnegas a mis sept ans à prendre. Dès qu'il arrive à Tara, Finn use de magie pour débarrasser la cour d'Aillen, lutin malveillant qui met tous les ans le feu au palais lors de la fête celtique de Samain (31 octobre-1er novembre). Les confrontations avec le monde surnaturel rythment toute la vie de Finn. Il chasse des animaux enchantés qui l'attirent dans l'Autre Monde et rencontre des divinités comme la Morrigan, Núada et Óengus ; il possède le don de prophétie et se montre d'une vaillance surhumaine au combat. Un *geis* qui lui défend de boire dans une corne causera sa mort. Abandonné par les Fenians, le héros vieillissant tentera de prouver sa force en franchissant d'un saut la Boyne, mais ayant violé l'interdit il périra dans la rivière.

Dans le cycle de Finn, le héros est lié à d'autres êtres et faits surnaturels. Son association avec le jeune Diarmaid, son rival pour l'affection de la belle Grainne, le montre sous un jour très peu favorable. Sa jalousie le conduit à causer la mort de Diarmaid par la magie. L'épisode illustre une composante caractéristique du cycle insulaire : le triangle formé par le jeune amant, la belle et le prétendant chenu, thème qui trouve son pendant dans l'histoire de Conchobar, Deirdre et Naoise du cycle d'Ulster.

Le fils de Finn, Oisin (Petit Cerf), est fortement associé à l'Autre Monde. Il est ensorcelé par Niav (Aux cheveux d'or), fille du roi de Tir na n'Og (pays des Jeunes Gens), et part y vivre avec elle. Mais le mal du pays l'étreint, et il forme le projet de visiter le monde d'en haut, malgré les conseils de Niav. Elle l'avertit : il ne doit pas poser le pied sur le sol irlandais s'il veut lui revenir. Oisin fait le voyage et découvre que trois cents ans se sont écoulés. Au moment où il en prend conscience, la sangle de sa monture se rompt ; il tombe et, en touchant le sol, meurt instantanément de vieillesse.

Les mythes du cycle d'Ulster

Une série de récits en prose connus collectivement sous le nom de cycle d'Ulster relate les activités des Ulaid, ou hommes d'Ulster, en particulier leur grand conflit avec la province voisine de Connaught, et les prouesses de leur héros, Cúchulainn. Le cycle s'organise autour d'un récit central, la *Táin Bó Cúalngé* (*Razzia des vaches de Cooley*), sans doute composé au VIIIe siècle ap. J.-C. Il existe plusieurs versions majeures de la *Táin*, dont la plus ancienne figure dans le *Lebor na h Uidre* (*Livre du taureau Donn*), établi à Clonmacnois, dans le comté d'Offaly, par trois moines, dont l'un mourut en 1106. Alors qu'on admet en général que le cycle d'Ulster représente la compilation tardive d'une tradition orale beaucoup plus ancienne, les spécialistes ont avancé récemment, avec des arguments convaincants, qu'il s'agirait en réalité de textes transmis oralement au début de la période historique.

Le contenu mythologique très dense du cycle d'Ulster

s'impose d'emblée. Bien qu'œuvrant dans un contexte chrétien, les premiers copistes des monastères purent fort bien avoir été des *filid*, ces gardiens du savoir imprégnés des rites antiques, qui voulaient préserver les mythes sous une forme écrite. L'hypothèse d'une continuité de la tradition religieuse et des rites de l'Irlande païenne dans la période chrétienne est parfaitement admissible.

La Táin Bó Cúalngé (la Razzia des Vaches de Cooley)

La prédominance de la mythologie dans le cycle d'Ulster est spectaculairement mise en lumière par son thème central, la *Táin*, qui relate la grande guerre opposant l'Ulster et le Connaught pour la possession d'un énorme taureau, le Donn de Cúalngé (Brun de Cooley), en Ulster. Il ne s'agit pas d'un vol de bétail ordinaire, passe-temps habituel et séculaire, mais de l'appropriation d'un animal fantastique et surnaturel, autour duquel s'est tissé un grand mythe de quête et de bataille. L'histoire commence par un conte introductif, une « dispute sur l'oreiller » une nuit, où la reine Medb et son consort, Ailill de Connaught, débattent de leurs possessions respectives. Le couple est à peu près à égalité en la matière, sinon qu'Ailill possède un superbe taureau aux cornes blanches, le Findbennach (Blanc cornu). Medb parcourt en vain son territoire en recherchant une créature aussi magnifique, lorsqu'elle entend parler du grand taureau brun sombre d'Ulster, appartenant à un certain Daire MacFiachnu, qui accepte de prêter le Donn à la reine moyennant une forte récompense. Toutefois, surprenant une conversation des hommes de Medb qui prétendent s'être emparés du taureau, avec ou sans le consentement de son propriétaire, Daire revient sur son accord et cache Donn. Medb décide d'envahir l'Ulster et de s'emparer du Donn par la force, déclenchant ainsi un interminable conflit entre les deux provinces. La veille de l'affrontement décisif, on envoie le Donn dans le Connaught pour plus de sécurité. Il mugit puissamment en flairant l'odeur de son nouveau territoire, et le Findbennach d'Ailill entend l'intrus : aucun autre taureau n'a encore osé faire pareil vacarme dans son domaine. Les hommes de la reine Medb désignent Bricriu (figure divine), brandon de discorde, pour arbitrer le combat qui oppose les deux animaux. Ils se battent un jour et une nuit sur tout le territoire irlandais. Le Donn de Cúalngé finit par l'emporter, empalant le Findbennach d'Ailill sur ses cornes, mais il ne survit pas à la rencontre et meurt d'épuisement.

Le combat des taureaux symbolise la lutte entre l'Ulster et le Connaught : leur mort marque la paix qui suit la victoire à la Pyrrhus des forces d'Ulster. La *Táin* ne laisse subsister aucun doute quant à la nature surnaturelle des deux taureaux. Chacun est réputé pour sa taille et sa force. Cinquante garçons peuvent prendre place à la fois sur l'ample échine du Donn. Le héros Fergus déclare que les deux animaux ont été envoyés en Irlande par des dieux jaloux, afin de causer la guerre et l'amertume parmi le peuple. Les taureaux, raconte-t-il, sont des créatures ensorcelées, métamorphosées, d'anciens porchers qui ont revêtu toute une succession de formes, mais se sont toujours révélés une source de discorde et de destruction. Le Donn est doué de compréhension humaine ; c'est ainsi qu'il réagit aussitôt lorsque Cormac l'exhorte à redoubler d'efforts contre le grand taureau de Connaught.

Cúchulainn et les autres héros d'Ulster

Trois guerriers se détachent parmi les héros mythiques d'Ulster : Fergus Mac Roich, Conall Cernach et le champion par excellence, Cúchulainn. La description qu'on en fait dénote leur statut surhumain, semi-divin. Le nom de Fergus dérive du latin *vir* (homme), et son détenteur est associé aux images de fécondité : il est le premier amant de la reine Medb, connue pour ses mœurs légères, et le compagnon de la déesse de la nature, Flidais. Fergus se distingue par un appétit sexuel insatiable ; sept femmes sont nécessaires pour le satisfaire. Sa constitution physique le range au nombre des êtres surnaturels : il a la force de sept cents hommes, il est aussi grand qu'un géant et il peut consommer sept porcs, sept cerfs, sept vaches et sept cuves de liqueur en un seul repas. Il possède une épée magique de la taille d'un arc-en-ciel.

Fergus, qui appartient à la cour du roi Conchobar d'Ulster, est le père nourricier du jeune Cúchulainn, mais un épisode particulier provoque sa défection, ainsi que celle d'autres héros à la cour de Medb. Il s'agit de la fuite des amants Deirdre et Naoise et de la trahison de Conchobar. D'après certains spécialistes, l'épisode de Deirdre aurait été ajouté à la *Táin* dans le seul but d'expliquer la défection de Fergus. Dans le Connaught, Fergus sert de médiateur entre Medb et Cúchulainn. Il meurt aux mains d'Ailill alors qu'il se baigne dans un étang avec Medb. Certaines traditions attribuent à Fergus la paternité de la *Táin*.

Conall Cernach est le fils d'Amorgen, le poète, et de Fionnchaomh, la fille du druide Cathbad. *Conall* signifie « Fort comme un loup » ; *Cernach*, « Victorieux ». Comme celle de Fergus, l'imagerie de Conall comporte de nombreux traits surnaturels : il est le gardien des frontières de l'Irlande et, de toute évidence, une divinité ancestrale d'une partie du pays. Comme Fergus, il est le père nourricier et tuteur de Cúchulainn. Conall incarne la quintessence du champion irlandais : à la fête de Bricriu (un festin de l'Autre Monde), il se vante de toujours dormir avec la tête coupée d'un homme de

Connaught sous le genou. Dans le récit apparenté du porc de Mac Da Thó, il porte à la ceinture la tête du plus valeureux guerrier de Connaught. De nombreux épisodes de la vie de Conall attestent de sa stature semi-héroïque ; une légende le montre attaquant un fort dont le trésor est gardé par un grand serpent. L'affinité entre le héros et le serpent apparaît lorsque l'animal plonge la tête dans la ceinture de Conall sans lui faire de mal.

Cúchulainn (Chien de Culann) incarne l'archétype du champion surhumain de la tradition épique ; *cú* est un titre couramment donné à un guerrier, mais, dans ce cas précis, la qualification de chien prend un sens particulier et renvoie à un épisode de l'enfance de Cúchulainn. Tout jeune, il tue le chien de Culann le forgeron et s'engage à assurer la garde de celui-ci à la place de l'animal. Cette association avec le chien se perpétue tout au long de la vie de Cúchulainn : un *geis* lui interdit de consommer la chair d'un chien ; en rompant ce lien, il devient l'artisan de sa perte.

Le destin a réservé à Cúchulainn une vie brève mais glorieuse. C'est un guerrier – beau, vaillant, fort, invincible. Il tire peut-être son identité d'un culte du guerrier, à partir duquel il fut évhémérisé en figure pseudo-historique. Sa conception, sa vie et sa mort se caractérisent par des liens étroits avec le surnaturel. Son père fut peut-être le dieu Lug, ou Conchobar, et l'on relève un inceste (marque de divinité) dans son ascendance immédiate. Comme celle du Pryderi gallois, la naissance de Cúchulainn est associée à celle d'équidés : deux poulains voient le jour au même instant que le héros et deviennent les chevaux de son char, le Gris de Macha et le Noir de Saingliu. Cúchulainn lui-même fait très tôt la preuve de sa qualité surhumaine : il arrive à Emain Macha, la cour de Conchobar, après avoir mis en déroute cent cinquante jeunes gens de la brigade du roi. Jeune adolescent, il exige des armes lorsqu'il a connaissance d'une prophétie selon laquelle quiconque prendra les armes ce jour précis connaîtra une vie glorieuse. Cúchulainn rompt quinze jeux d'armes avant d'accepter celles qui ont été spécialement trempées pour Conchobar lui-même. Le jeune guerrier est instruit dans l'art de la guerre par Scathach, une prophétesse qui lui prédit son avenir par la divination. Il part en campagne avec une armure et des armes magiques, dont la Gae Bulga, une lance barbelée qui n'inflige que des blessures mortelles, et une visière, don de Manannan, le dieu de la mer. Le conducteur du char de Cúchulainn a le pouvoir de jeter un charme qui rend le char invisible. Cúchulainn est le principal champion d'Ulster contre les forces de Connaught et le seul guerrier à échapper à la malédiction de Macha (Faiblesse des hommes d'Ulster), qui ôte à ceux-ci leur vigueur en période de crise. Il tue d'une seule main quantité de combattants de Medb. Lorsque la fièvre du combat le saisit, son esprit se trouble dans une sorte de transe qui l'empêche de distinguer un ami d'un ennemi. Il devient alors un monstre : son corps se tord sous sa peau, ses cheveux se dressent, cernés par un halo de lumière, ses muscles se gonflent, un de ses yeux devient protubérant, l'autre s'enfonce au contraire dans sa tête, son hurlement incite tous les esprits du lieu à mugir de concert, ce qui rend l'ennemi fou de terreur.

Un profond symbolisme surnaturel entoure Cúchulainn : il use de magie pour arrêter l'avance des hommes de Cannaught ; il possède un pouvoir magique sur les animaux ; il est lié aux nombres sacrés, ayant les cheveux de trois couleurs, sept pupilles dans chaque œil, sept doigts à chaque main et sept orteils à chaque pied. Il est étroitement associé au divin : son père nourricier (ou naturel) est Lug ; il croise souvent sur son chemin la déesse de la guerre, la Morrigan ; et il visite l'Autre Monde de son vivant. Cúchulainn est présent à la fête de Bricriu, le fauteur de troubles divin qui crée des dissensions et des rivalités entre les guerriers. A la fête, Bricriu suscite la jalousie des héros Cúchulainn, Conall Cernach et Loegaire en offrant à chacun le morceau de porc réservé au champion.

La mort de Cúchulainn à Mag Murthemne s'accompagne de prodiges : quand on le harnache pour la bataille finale, le Gris de Macha verse des larmes de sang, et lorsque Cúchulainn monte sur son char, toutes ses armes tombent à ses pieds. Enfin, il rencontre la « laveuse du gué » qui nettoie son armure, signe de malédiction dans les mythes insulaires. Cúchulainn meurt au combat, tué par une épée qu'a forgée Vulcain. Le nimbe du héros perd son éclat et sa mort est annoncée par la Bodb ou la Morrigan, destructrices divines, qui ont pris la forme de corneilles et se perchent sur son épaule, rendant ainsi les hommes de Connaught assez hardis pour s'avancer et le décapiter.

Dans son grand conflit avec Medb, Cúchulainn évoque le médiateur, Fergus :

> Mon habileté aux armes grandit.
> Sur de belles armées tremblantes
> Je laisse tomber mes coups fameux ;
> Sur des armées entières je porte la guerre
> Pour écraser leur grand héros,
> et Medb, et aussi Ailill,
> Qui attisent le mal, la haine vermeille
> Et les lamentations des femmes en noir,
> Qui s'avancent par cruelle traîtrise,
> Foulant aux pieds leur grand héros
> Et son conseil sage et sensé
> – Guerrier farouche, droit dans ses paroles,
> Plein de nobles actions.

Medb et Conchobar

Les deux provinces adverses, Ulster et Connaught, sont gouvernées respectivement par Conchobar et Medb. Conchobar MacNessa est un roi mythologique d'Ulster, qui gouverne depuis sa cour d'Emain Macha (qu'on a identifiée à Navan Fort, près d'Armagh). Les fouilles ont dégagé un grand bâtiment circulaire en bois érigé près d'un vaste enclos, qui constituait le centre nerveux de la principale période d'occupation, autour de 700 av. J.-C. Vers 100 av. J.-C., cette résidence « royale » fut remplacée par un édifice cérémoniel ou un sanctuaire, une énorme construction formée de cinq cercles de poteaux de chêne, avec, au milieu, un pilier de chêne massif visible à des kilomètres de là.

Conchobar est étroitement lié à la guerre : ses combattants, dont Cúchulainn devient le chef, portent le nom de chevaliers de la Branche rouge. De plus, Conchobar éduque un corps de jeunes gens formés dès l'enfance à l'art de la guerre. La légitimité du souverain d'Ulster plonge ses racines dans la mythologie et le surnaturel. Il est un roi sacré, nommé par les druides, comme le montre un épisode de la guerre avec le Connaught : lorsque Fergus le transfuge frappe le bouclier royal, celui-ci gémit, comme il le fait chaque fois qu'un roi sacré irlandais est en danger. Conchobar est lui-même doté de pouvoirs prophétiques, mais cette fonction appartient essentiellement au druide Cathbad, qui prédit régulièrement l'avenir d'Ulster. Celui-ci prophétise les malheurs que causera la beauté de Deirdre, la vie glorieuse de Cúchulainn, et il met en garde les hommes d'Ulster contre l'inspiration satirique destructrice du poète Aithirne. Entre autres responsabilités, Cathbad doit instruire les jeunes héros à la divination, l'art de déterminer quels jours sont favorables ou non à des manifestations ou activités précises.

Personnage complexe, Conchobar est allié à Cúchulainn par des liens divers, alternativement son père nourricier, son grand-père ou son père de sang ; et il a été l'époux de Medb avant qu'elle ne devînt la souveraine de Connaught. Son code de l'honneur, à la différence de celui de l'archétype du héros, est imparfait, et sa traîtrise envers Naoise ou sa cruauté à l'égard de Deirdre entraînent la défection de trois grands guerriers d'Ulster. Conchobar est tué par une « balle de cervelle » confectionnée avec la tête du roi du Leinster, Meas Geaghra (une « balle de cervelle » consistait en un mélange de cervelle humaine et d'argile façonné en boule et durci). Ceat Mac Mághach lance cette arme curieuse, mais meurtrière, sur le roi d'Ulster pour se venger d'un tort.

Reine de Connaught, Medb (l'Ivresse) gouverne à Tara ou à Cruachan, mais elle est en réalité une divinité évhémérisée, une déesse de souveraineté du pays ; de plus, elle semble appartenir au groupe des déesses insulaires de la guerre, de la sexualité et du territoire. Séductrice lascive, elle symbolise la fécondité de l'Irlande, et le fait que son nom soit associé à un breuvage alcoolisé (l'hydromel en l'occurrence) renvoie à la notion d'union entre la déesse de souveraineté et le roi mortel, que la déesse sanctifie en lui offrant une coupe de liqueur. Le statut divin de Medb est également attesté par sa faculté de changer de forme et de se métamorphoser de vieille harpie en jeune fille, trait des déesses insulaires. Elle partage aussi le pouvoir de destruction de ces divinités : elle est à l'origine de la mort de Fergus, de Conall Cernach, de son mari Ailill et de Cúchulainn. La présence de Medb, qui tourne autour du champ de bataille sur son char, peut ôter leur courage aux guerriers ; elle est capable de courir à une vitesse surhumaine et elle possède des animaux totémiques, un oiseau et un écureuil.

Le grand conflit entre l'Ulster et le Connaught a essentiellement pour point de départ la jalousie de Medb, qui convoite le grand taureau d'Ailill. La poétesse de Medb, Fedelma, prophétise que son ennemi, Cúchulainn, détruira la plus grande partie de son armée. Medb joue au plus fin avec le champion d'Ulster, tente de le suborner en lui offrant sa fille Finnebair et use enfin de magie pour le faire mourir. Son propre trépas, relaté dans un texte du XIe siècle, survient à la suite d'une vengeance. Elle est tuée par son neveu, Furbaidhe, dont elle a assassiné la mère, Clothra. La grande reine-déesse connaît une fin infamante, tuée par un morceau de fromage rance jeté par une fronde.

Les furies des batailles

Trois déesses hantent le cycle d'Ulster : Macha, la Bodb et la Morrigan. Elles se caractérisent par leur forme à la fois unique et triple. De plus, elles sont étroitement liées aux animaux : Macha présente des affinités avec les chevaux et, comme la Bodb et la Morrigan, elle peut quitter l'apparence humaine et se métamorphoser en corbeau ou en corneille. Chaque déesse préside aux batailles, chacune est en même temps un symbole de sexualité prodigue.

Macha existe en tant qu'unique ou triple, mais chacune de ces entités présente une identité partiellement distincte. Une première Macha, femme de Nemed, chef de la troisième invasion mythique de l'Irlande, est une prophétesse qui voit en rêve la destruction du pays qu'entraînera le conflit de la *Táin*. La deuxième Macha est une souveraine guerrière de l'Irlande. Sous sa troisième identité, Macha est une épouse divine mariée à un humain, Crunnchu. Parce qu'elle est rapide à la course, son mari parie qu'elle peut distancer les chevaux du roi. On le prend au mot et Macha, bien qu'en état de grossesse avancée, doit s'exécuter. Elle bat les chevaux mais meurt en donnant naissance à des jumeaux ; avant d'expirer, elle prononce une malédiction contre les hommes d'Ulster : en période de crise, ils seront victimes d'une faiblesse qui leur infligera des souffrances semblables à celles qu'endure une femme en couches, cela pendant cinq jours et quatre nuits.

Macha donna son nom à la cour royale d'Ulster, Emain Macha (Jumeaux de Macha). Son association au cheval apparaît non seulement dans sa course rapide, mais aussi dans le nom de la monture de Cúchulainn, le Gris de Macha. C'est une divinité complexe : prophétesse, guerrière, reine et déesse de souveraineté et de fécondité, étroitement liée au sort du pays lui-même.

La Bodb est avant tout une déesse des batailles et des destructions qui les accompagnent. Son nom évoque des images de violence, de furie des combats. Comme la Morrigan, elle a l'apparence d'une femme ou d'une corneille : un de ses noms est Bodb Catha (la Corneille des batailles). C'est une déesse unique et triple. Elle exerce un pouvoir psychologique sur le champ de bataille : sa présence confond et terrifie les combattants, et elle crée une grande confusion, en particulier parmi les hommes de Connaught. La Bodb prophétise la destruction et la mort. Elle vient en aide à Cúchulainn, mais se pose sous sa forme d'oiseau sur son épaule lorsqu'il meurt. On la voit en « laveuse du gué », rinçant à l'eau claire les bras d'un guerrier qui mourra sous peu au combat. Dans le conte de l'auberge de Da Derga, elle apparaît au roi Conaire, maudit pour avoir transgressé ses interdits, sous la forme de trois sorcières noires comme le corbeau, fusionnant l'imagerie de l'oiseau et de la femme.

La Morrigan, la reine des spectres, ressemble fortement à la Bodb. Elle est surtout liée à Cúchulainn : à une occasion, elle lui apparaît sous les traits d'une belle jeune fille, mais lui, impatient de partir au combat, rejette sans douceur ses avances. Pour se venger, la Morrigan l'attaque, se métamorphosant rapidement d'anguille en loup, puis en génisse rousse. Cúchulainn est vainqueur, mais il a perdu ses forces. La Morrigan apparaît alors au héros sous la forme d'une vieille femme trayant une vache : elle lui offre du lait et lui, en retour, la bénit et soigne les blessures qu'il lui a infligées. Comme la Bodb, la Morrigan adopte plus volontiers la forme d'une corneille, oiseau de mauvais augure, prophétisant la mort sur le champ de bataille. Sous cette forme, elle annonce au Donn de Cúalngé qu'il va périr. Furie de la guerre, elle fait perdre courage aux armées, et elle aussi est une « laveuse du gué », annonciatrice de mort. Mais elle ne prophétise pas toujours le malheur : un épisode du cycle mythologique évoque les conseils qu'elle donne au Dagda pour traiter avec les Fomoiré, ennemis des Túatha Dé Dánann.

Outre son rôle dans la guerre et la mort, la Morrigan est associée à une puissante imagerie sexuelle. Celle-ci est particulièrement mise en évidence par son accouplement avec le dieu tribal, le Dagda, alors qu'elle enjambe une rivière. La géographie irlandaise la célèbre avec les *Paps of the Morrigan* (tétons de la Morrigan). C'est une déesse de la fécondité, et son accouplement avec le dieu de la tribu exprime sa fonction de déesse de souveraineté du pays, ici la terre d'Irlande.

Quelques mythes gallois très anciens

La mythologie galloise primitive ne s'est perpétuée sous une forme identifiable que dans les *Quatre Branches du Mabinogi*, le conte de *Kulhwch et Olwen* et le *Songe de Rhonabwy*, ainsi que dans quelques fragments, comme le poème de Taliesin, les *Dépouilles d'Annwn*.

Les récits relatés dans ces toutes premières compilations galloises en langue vernaculaire comportent des éléments surnaturels compatibles avec l'intrigue : héros semblables à des dieux, animaux enchantés et manifestations magiques. Une cosmogonie plus profonde ou plus mystérieuse transparaît parfois, enfouie au cœur des récits, des mythes de création ou des explications surnaturelles de phénomènes naturels.

Pwyll, Arawn, Rhiannon et Pryderi

La première branche du *Mabinogi* relate les aventures de Pwyll, seigneur de Llys Arberth (Narberth), de sa femme Rhiannon et de son fils Pryderi, et de la rencontre de Pwyll et d'Arawn, seigneur d'Annwn, l'Autre Monde gallois. Cette rencontre forme le premier épisode. Elle se produit alors que Pwyll, parti chasser le cerf, manque à son code d'honneur en s'appropriant le butin d'un autre chasseur. Les chiens de ce rival sont des créatures étranges, d'un blanc étincelant, avec des oreilles rouges (couleurs qui dénotent leur appartenance à l'Autre Monde et que l'on retrouve ailleurs dans la mythologie galloise et irlandaise). Le chasseur offensé est Arawn. Pwyll ne peut se racheter qu'en prenant la place d'Arawn pendant un an, après quoi il devra rencontrer, combattre et tuer Hafgan, l'ennemi d'Arawn dans l'Autre Monde, puis venir retrouver Arawn au même endroit, à Glyn Cuch. Arawn met en garde Pwyll : il ne devra porter qu'un coup à Hafgan ; s'il est blessé à deux reprises, celui-ci redeviendra plus fort que jamais. Détail important, Pwyll et Arawn pratiquent la chasteté pendant l'échange des maisonnées : aucun des deux souverains n'a de commerce avec la femme de l'autre. Pwyll tient sa promesse et se soumet à son épreuve au bout d'un an, puis tous deux regagnent leurs domaines respectifs et conservent des liens d'amitié étroits. Après la mort de Pwyll, ces liens sont perpétués par son fils Pryderi, à qui Arawn fait un cadeau précieux : les premiers porcs du Pays de Galles. Son séjour à Annwn vaut à Pwyll d'être appelé « seigneur de l'Autre Monde », preuve éclatante de son statut divin.

Cet épisode est important parce qu'il introduit plusieurs traits récurrents du mythe vernaculaire : la faculté que possèdent certains humains de pénétrer dans les Enfers de leur vivant, le besoin qu'ont les habitants de l'Autre Monde de recourir à de vigoureux mortels pour entreprendre certaines tâches à leur place, le recours à des animaux pour faciliter les contacts entre le monde d'ici-bas et l'Autre Monde.

Le deuxième épisode significatif de la première branche du *Mabinogi*, riche en symboles, met en scène Pwyll et Rhiannon. Alors qu'il réside à Gorsedd Arberth (lieu magique où se réunit la cour), Pwyll aperçoit une belle jeune femme vêtue d'or chevauchant un grand cheval d'un blanc éclatant et se sent fortement attiré par elle. Mais, bien que le cheval se déplace avec lenteur, ni Pwyll ni ses cavaliers les plus rapides ne peuvent le rattraper. De désespoir, Pwyll appelle la femme qui s'arrête aussitôt et lui parle ; elle lui dit se nommer Rhiannon et être venue l'épouser de préférence à son prétendant, Gwawl. Pwyll obtient Rhiannon par traîtrise (acte qui aura des répercussions plus loin dans le *Mabinogi*) ; ils se marient et ont un fils, Pryderi.

Le personnage de Rhiannon est intéressant sur le plan du mythe. Son nom dérive peut-être de celui d'une déesse païenne, Rigantona (Grande Reine ou Reine sacrée). Sa rencontre avec Pwyll a une tonalité surnaturelle, de même que son association constante avec des chevaux. Accusée d'avoir tué le fils qu'elle a mis au monde (nous y reviendrons), Rhiannon doit expier son prétendu crime en demeurant pendant sept ans à l'extérieur des portes du palais, près des écuries, proposant aux visiteurs de les conduire à l'intérieur sur son dos, telle une bête de somme. Rhiannon correspond à deux archétypes du mythe : par sa générosité envers les nobles de Llys Arberth lorsque Pwyll la conduit à la cour, qui lui vaut l'image de reine-déesse prodigue et bienveillante ; et en sa qualité d'« épouse injustement traitée », accusée faussement d'avoir tué son fils. Son association avec le cheval et sa prodigalité ont conduit les spécialistes à l'identifier à la déesse des chevaux celtique, Epona.

Le surnaturel préside à la naissance de Pryderi. Agé de trois nuits, il est enlevé alors que les femmes qui le veillent sont endormies, et Rhiannon est accusée à tort de l'avoir tué. La scène se déplace alors de Llys Arberth à la maison de Teyrnon Twryf Vliant, seigneur de Gwent Is-Coed. Un fait étrange s'y déroule à chaque calende de mai : la jument de Teyrnon met bas un poulain dont personne ne retrouve jamais la trace. Au moment où le nourrisson disparaît de Llys Arberth, Teyrnon fait le guet à l'écurie, où sa jument donne naissance à son plus beau poulain. Teyrnon voit une énorme main saisir le poulain et le tirer par la fenêtre hors de l'écurie. Il tranche d'un coup d'épée le bras inconnu et sauve le jeune animal, mais il entend au même moment un hurlement et du bruit à l'extérieur, et sort en toute hâte voir de quoi il retourne. Comme il fait trop sombre pour distinguer quelque chose, il revient dans l'écurie et découvre sur le seuil un nouveau-né emmailloté dans un châle de soie, vêtement qui atteste sa noble lignée.

Teyrnon et sa femme adoptent l'enfant, qui grandit à une vitesse incroyable et se montre extrêmement précoce pour son âge. A trois ans, on lui donne le poulain. Lorsqu'il atteint sa quatrième année, ses parents adoptifs remarquent son extraordinaire ressemblance avec Pwyll et, connaissant l'histoire de la disparition du prince, comprennent que l'enfant doit être Pryderi. Celui-ci est rendu à Pwyll et Rhiannon au milieu de grandes réjouissances. L'histoire de Pryderi comporte de nombreux éléments mythiques : il disparaît la veille du 1er mai, date de la grande fête de Beltaine au printemps ; et ses jeunes années sont étroitement associées à celles du poulain, enlevé lui aussi la veille du 1er mai. (Cette affinité avec les chevaux rejoint celle de sa mère.) Enfin, l'enlèvement de Pryderi alors qu'il n'a que trois nuits reproduit le sort du jeune Mabon, le dieu chasseur gallois de *Kulhwch et Olwen*, que nous examinerons un peu plus loin dans ce chapitre. Les contes celtiques comme celui-ci, où il est question d'une conception entourée d'événements inexplicables, symbolisent peut-être la signification transcendante de la naissance – un enfant né de parents terrestres, mais qui est aussi l'incarnation d'une essence surnaturelle – exprimée par le mythe. (Le même mystère entoure, bien sûr, la naissance du Christ.) Il est clair que Pwyll, Rhiannon et Pryderi possèdent tous trois des composantes divines, bien que leur statut ne soit jamais défini avec précision.

Branwen et Bendigeit Vran

La deuxième et la troisième branche du *Mabinogi* mettent en scène la famille Mac Llyr de Harddlech. Son patronyme, Fils de la mer, apparenté au dieu irlandais Lir, atteste son statut divin. Les principaux protagonistes de la deuxième branche sont Branwen et le frère de celle-ci, Bendigeit Vran (Bran le Béni, le mot *bran* signifiant « corbeau » ou « corneille »). Bien que Branwen ait donné son nom à cette branche et qu'elle y soit décrite comme l'une des trois grandes dames du pays, la stature surhumaine de Bran domine la légende.

Le récit s'ouvre sur les fiançailles de Branwen et de Matholwch, roi d'Irlande. Le frère de Branwen, Evnyssen, s'oppose à cette union et insulte Matholwch en mutilant ses chevaux, qu'on a conduits aux écuries de la cour de Harddlech. Matholwch semble apaisé par les présents de Bendigeit Vran, parmi lesquels un précieux chaudron magique façonné en Irlande, qui rend la vie aux guerriers trépassés. Matholwch et Branwen s'embarquent pour l'Irlande, mais la rancune du roi couve et il traite sa reine en serve, la reléguant aux cuisines où le boucher lui administre tous les jours un soufflet. Matholwch fait en sorte qu'on n'en sache rien au Pays de Galles, mais Branwen prend en main son destin et dresse un étourneau qui informera son frère de son triste sort. Bendigeit Vran mobilise sur-le-champ son armée et déclare la guerre à l'Irlande.

Bendigeit Vran, si grand, nous dit-on, qu'aucune maison ne peut le contenir, traverse la mer d'Irlande aussi facilement que s'il s'agissait d'un gué. Les armées s'affrontent et la victoire revient aux forces galloises. C'est toutefois une victoire à la Pyrrhus, et Bendigeit Vran est mortellement blessé par une lance empoisonnée. Il manifeste sa condition surnaturelle en ordonnant à ses hommes de lui couper la tête, de l'emporter avec eux à la colline Blanche à Londres, et de l'y enterrer face à l'est afin qu'aucun pays étranger ne puisse envahir la Grande-Bretagne. La tête de Bran possède des propriétés magiques : elle reste en vie et converse avec sa troupe, talisman qui demeure intact jusqu'à son inhumation définitive. En route pour Londres avec la tête, les hommes de Bran s'attardent sept ans à Harddlech, puis encore plus longtemps dans les délices de l'Autre Monde de Gwales, où ils entendent chanter les trois oiseaux magiques de Rhiannon. Quant à Branwen, elle meurt au Pays de Galles, à Aber Alaw, le cœur brisé par le dépérissement des deux grandes îles.

Là encore, des motifs appartenant au surnaturel courent dans toute la trame du conte : la taille et la force de Bran, le pouvoir de la tête coupée, le chaudron de résurrection, la faculté qu'ont les humains d'obtenir le concours des animaux. Toutes ces notions trouvent leur pendant dans les mythes irlandais et dans le symbolisme de l'iconographie celtique païenne.

Mannawyddan et l'enchantement de Dyfed

Mannawyddan Mac Llyr est un frère de Branwen et de Bran. Il est apparenté au Manannan irlandais, fils de Lir, dieu de la mer. Le mythe gallois ne développe pas l'aspect marin de Mannawyddan, mais ils présentent des traits communs, ainsi la faculté de conjurer la magie et une même réputation de fourberie. La troisième branche du *Mabinogi* étoffe le personnage de Mannawyddan, d'où il tire son nom. C'est un magicien, un filou, un magnifique artisan. De plus, la manière dont il cultive le blé fournit une explication mythique de l'introduction de l'agriculture au Pays de Galles.

Après la mort de Pwyll, Mannawyddan épouse sa

veuve, Rhiannon. Ayant festoyé à Llys Arberth, le couple part plus au nord, au Gorsedd Arberth, en compagnie de Pryderi et de Kicva, sa femme. Tous quatre sont témoins d'un sort jeté contre Dyfed : tous les villages et les habitants du royaume disparaissent et une brume magique enveloppe le pays. Comme il ne reste rien de Dyfed, ils vont chercher fortune en Angleterre, où Mannawyddan et Pryderi s'établissent comme selliers ou cordonniers. Mais, où qu'ils aillent, l'habileté de Mannawyddan suscite l'envie et la malveillance des autres artisans, qui les obligent à fuir. Ils retournent à Dyfed, où ils vivent de leur chasse. Un jour, Mannawyddan et Pryderi débusquent un énorme sanglier dont la livrée, d'un blanc éclatant, témoigne qu'il appartient à l'Autre Monde. L'animal entraîne les chiens jusqu'à un étrange château que ni l'un ni l'autre ne connaissent. Malgré la mise en garde prophétique de Mannawyddan, Pryderi suit les chiens et est victime d'un enchantement : au château, il touche une coupe d'or suspendue par des chaînes et y reste collé. Ses pieds demeurent fixés au sol et il a perdu l'usage de la voix. Informée de son sort, Rhiannon part à sa recherche et elle aussi est ensorcelée par la coupe.

Privé de ses chiens, Mannawyddan ne peut plus chasser et commence à cultiver du blé. Les épis croissent, mais des armées de souris détruisent deux champs juste avant la moisson. Mannawyddan fait le guet et les voit attaquer le troisième champ ; toutes les souris s'échappent, sauf une qui est pleine et se déplace moins vite que les autres. Mannawyddan entreprend alors, curieusement, de pendre la souris malgré les objurgations des passants qui lui demandent de l'épargner. Ses préparatifs sont finalement interrompus par un évêque qui tente de sauver l'animal. Mannawyddan refuse de céder tant que plusieurs exigences n'auront pas été satisfaites : Pryderi et Rhiannon doivent être rendus à leur état normal, et les sept cantons de Dyfed libérés de l'enchantement. (Un canton comptait cent fermes.) Mannawyddan montre ainsi qu'il a reconnu en l'évêque un confrère magicien. Ce dernier accepte : il dit être un certain Llwyt, expliquant que le sort a été jeté pour venger le tort fait par Pwyll au prétendant de Rhiannon, Gwawl, en lui volant sa fiancée. La souris n'est autre que l'épouse de Llwyt, envoyée spécialement avec ses femmes, métamorphosées aussi, pour détruire le blé de Mannawyddan. Le royaume de Dyfed reprend vie, et la souris sa forme humaine : la magie de Mannawyddan s'est révélée la plus forte.

Math, Gwydyon, Llew et Blodeuwedd

La quatrième branche du *Mabinogi* a trait à Gwynedd et à la dynastie divine de Don. L'histoire de Math, seigneur de Gwynedd, reprend peut-être la narration primitive d'un mythe de création et de chute appartenant aux Celtes préchrétiens. Ce qui expliquerait la curieuse description de Math lui-même, qui, sauf à la guerre, doit siéger les pieds dans le giron d'une vierge : il dépend de ce contact pour rester en vie, et la virginité de ce porte-pieds est essentielle.

> Et en ce temps-là, Math, fils de Mathonwy, ne pouvait vivre que si ses pieds reposaient dans le giron d'une vierge, à moins que le tumulte de la guerre ne s'y opposât (G. et T. Jones, *The Mabinogion*).

Ce fragment de mythe fait vraisemblablement allusion à une sorte de royauté sacrée, où la force vitale du pays est concentrée dans le sein d'une vierge, une femme dont la sexualité ne s'est pas encore extériorisée et qui conserve sa pureté. Peut-être faut-il y voir le pendant de la tradition insulaire du mariage rituel entre un roi mortel et une déesse de souveraineté, force personnifiée du pays, assurant la prospérité et la fertilité du sol. Si le contact de Math avec la vierge porte-pieds exprime un lien de même nature avec la prospérité de Gwynedd, le fait que la guerre libère le roi signifie peut-être que celle-ci engendre une force vitale particulière.

Dans « Math », la guerre éclate entre Gwynedd et Dyfed, fomentée par le neveu de Math, Gwydyon, qui vole ses porcs à Pryderi en usant de magie. Le frère de Gwydyon, Gilwaethwy, convoite Goewin, porte-pieds de Math, et, alors que Math est parti au combat, les deux frères complotent afin de lui dérober sa virginité.

Certains spécialistes assimilent le viol de Goewin à la chute d'Adam et Ève, acte annonciateur de troubles et d'affliction pour l'humanité. Lorsque Math revient, sa fureur le conduit à châtier les frères en les transformant tour à tour, pendant trois années consécutives, en cerf et biche, sanglier et laie, loup et louve. A chaque métamorphose les frères changent de sexe, et chaque année ils mettent bas un petit. Math rend forme humaine à leur progéniture, mais leurs fils conservent leur nom animal et maintiennent ainsi leur lien avec la nature :

> Les trois fils du fourbe Gilwaethwy,
> Trois vrais champions,
> Bleiddwn, Hyddwn, Hychdwn.

Le second épisode important de « Math » nous montre Arianrod et son fils. Arianrod postule auprès de Math la place vacante de vierge porte-pieds, mais elle échoue à l'épreuve attestant sa virginité, donnant naissance à deux fils au moment où elle marche sur le bâton de commandement magique de Math. L'histoire s'attache principalement au sort du second garçon, sur lequel sa mère jette trois malédictions : il n'aura pas de nom tant qu'elle n'aura pas accepté de lui en donner un, il ne portera pas d'armes tant qu'elle ne l'en aura pas muni, il n'aura pas d'épouse de l'espèce qui peuple la terre. Par un subterfuge, le magicien Gwydyon amène Arianrod à nommer le garçon – Llew Llaw Gyffes (le Brillant à la main agile) – et à l'armer. Math et Gwydyon font pour Llew une femme avec les fleurs de chêne, de genêt et de reine des prés, qu'ils nomment Blodeuwedd.

Mis au monde par une femme apparemment vierge, le personnage de Llew s'inscrit dans l'énigme et le paradoxe dès l'instant de sa naissance. Le destin que lui inflige une mère hostile ne manque pas d'intérêt : elle lui refuse un nom, des armes, une épouse, les trois rites de passage qui lui sont nécessaires pour être un homme. Seul l'art de magicien de Gwydyon lui permet d'atteindre à la maturité. La mort de Llew présente les mêmes caractères contradictoires : invulnérable, il ne peut être tué ni dans ni à l'extérieur d'une maison, ni sur la terre ni dans l'eau, ni dévêtu ni habillé, et seule une lance confectionnée à un moment où il est interdit de travailler peut lui ôter la vie. Une mort si « difficile » sous-entend habituellement qu'elle surviendra par la trahison d'une femme, ce qui ne manque pas de se produire. Blodeuwedd, née sans racine, donc sans moralité, est infidèle ; avec son amant, Gronw Pebyr, elle réussit à tuer Llew en l'obligeant à lui révéler la formule secrète qui lui garantit l'invulnérabilité. Lorsque Llew adopte la seule position* où il soit vulnérable, Gronw, qui s'est caché, le blesse d'un coup de lance ; mais au lieu de mourir, Llew pousse un cri strident et, se transformant en aigle, se perche sur un chêne. C'est

* Au moment où il prendrait un bain au bord d'une rivière, dans une cuve revêtue d'une claie voûtée, et debout, un pied sur un bouc, l'autre sur le bord de la cuve. *[N.d. T.]*

là que Gwydyon le trouve ; il le persuade par une incantation de redescendre et lui rend sa forme humaine. Cependant que Blodeuwedd est aussitôt changée en chouette en guise de châtiment, rejetée par tous les autres oiseaux et condamnée à chasser seule la nuit.

Llew est sans doute un ancien dieu britannique, peut-être apparenté au Lug irlandais, avec qui il a en commun un nom associé à la lumière. Sa naissance, son destin et son immortalité traduisent son statut divin, de même que l'attention que le magicien Gwydyon lui prodigue. Les leurres, énigmes et contradictions sur lesquels s'articule « Math » appartiennent au répertoire de stratagèmes des mythes, et on les retrouve dans la tradition irlandaise comme dans les récits du panthéon gréco-romain.

Kulhwch, Olwen et Twrch Trwyth

Le surnaturel imprègne en permanence le conte *Kulhwch et Olwen* ; on y trouve des êtres dont le statut divin ne fait aucun doute. Mabon (l'Adolescent divin), dieu chasseur, est le fils de Modron (la Mère), écho probable d'un culte gallois de la déesse mère. Il ressemble à Pryderi, car lui aussi a été enlevé lorsqu'il n'avait que trois nuits. L'archétype du « jeune homme » représenté par Mabon a son homologue irlandais,

Óengus. C'est également dans *Kulhwch et Olwen* qu'apparaît Govannon, le dieu forgeron ; il est apparenté au Goibniu irlandais, le forgeron divin des Túatha Dé Dánann.

Kulhwch est de sang royal, cousin d'Arthur. Sa naissance et son nom expriment une affinité avec les animaux : avant de le mettre au monde, sa mère éprouve soudain une violente antipathie envers les porcs et, passant à côté d'un troupeau, accouche de frayeur, puis s'enfuit en abandonnant l'enfant. Celui-ci est découvert par le porcher, qui lui donne le nom de Kulhwch (Celui qui fuit les porcs) et le rend à ses parents, Cilydd et Goleuddyd. Le lien entre la naissance de Kulhwch et les porcs révèle une influence surnaturelle, comme dans l'épisode de Pryderi et du poulain.

Goleuddyd meurt et Cilydd se remarie ; sa nouvelle épouse a une fille qu'elle veut unir à Kulhwch, mais lui hésite, alléguant qu'il est trop jeune. La reine le maudit en lui imposant pour femme, s'il se marie un jour, Olwen, la fille d'Yspaddaden (le Chef géant). En entendant le nom d'Olwen, Kulhwch tombe éperdument amoureux de la jeune fille et se jure de la trouver. Cilydd suggère à son fils d'aller voir Arthur, soi-disant pour se faire couper les cheveux : il s'agit là, sans doute, d'un rite de passage de l'adolescence à l'âge d'homme. Kulhwch part en grand appareil, tel un jeune dieu ou un jeune héros, le visage rayonnant, superbement armé d'une hache d'armes, d'une épée d'or et d'une hachette qui « peut faire saigner l'air ». Il a une trompe de chasse en ivoire et deux lévriers, et chevauche un magnifique coursier. Lorsqu'il arrive à la cour d'Arthur, sa condition surhumaine et quasi divine est révélée : comme le garde de la porte refuse de laisser entrer ce visiteur inattendu, le héros menace de lancer trois cris qui rendront les femmes stériles et feront avorter celles qui sont grosses. La menace de stérilité symbolise probablement la faculté que possède Kulhwch de dévaster aussi les récoltes et les troupeaux d'Arthur.

Kulhwch persuade Arthur de l'aider à trouver Olwen, et le conte se transforme alors en une quête. Au bout d'un an, Olwen est découverte et apprend l'amour que lui voue Kulhwch. L'apparence de la jeune fille et le lourd torque d'or qu'elle porte indiquent son noble rang. Olwen explique que son père ne consentira jamais à ce mariage, car il serait l'annonce de sa mort à lui. Kulhwch va néanmoins trouver Yspaddaden ; celui-ci lui confie une série de tâches « impossibles » – qui rappellent les travaux d'Hercule – à accomplir pour obtenir Olwen.

L'épreuve la plus insurmontable forme le noyau du mythe. Il s'agit d'obtenir les ciseaux, le rasoir et le peigne placés entre les oreilles de Twrch Trwyth, un énorme sanglier destructeur qui fut roi jadis et que Dieu, en punition de ses mauvaises actions, a changé, avec sa suite, en sangliers. Nous trouvons ici l'idée de métamorphoses imposées à ceux qui commettent le mal, exactement comme dans « Math ». Dans leur traque du grand sanglier, Kulhwch et Arthur doivent d'abord requérir l'aide de Mabon le Chasseur, retenu prisonnier au château de Gloucester et dont toute trace a disparu depuis qu'il fut enlevé, encore nourrisson, à sa mère Modron. Lorsqu'il est libéré de ce qui est sans doute un emprisonnement magique, Mabon est la plus âgée de toutes les créatures vivantes, paradoxe pour qui s'appelle l'Adolescent. Au cours de leur quête-dans-la-quête de Mabon, Kulhwch et Arthur sont aidés par des animaux magiques : le merle de Kilgowry, l'aigle de Gwernabwy, le cerf de Rhedenure, le saumon de Llyn Llaw et autres animaux enchantés, les plus anciens de la terre. Un des hommes d'Arthur, Gwrhyr, peut communiquer avec eux dans leur propre langage. Avec l'aide de Mabon, Twrch Trwyth est finalement vaincu, après une poursuite qui les entraîne dans le sud du Pays de Galles, les Cornouailles et l'Irlande. Ils s'emparent du rasoir, des ciseaux et du peigne ; Kulhwch et Olwen se marient enfin.

Le monde surnaturel se manifeste très clairement dans *Kulhwch et Olwen*. Le lien de Kulhwch avec les porcs au moment de sa naissance est repris et amplifié dans son combat final contre le grand sanglier. Le thème de l'animal s'impose avec force : des bêtes enchantées et métamorphosées occupent la scène et contribuent grandement à l'issue de la quête. Mabon le Chasseur et Modron affirment ouvertement leur divinité ; le statut surnaturel de Kulhwch lui-même est indiqué par son pouvoir de menacer l'avenir du domaine d'Arthur en prononçant une malédiction de stérilité contre son peuple.

Les amants divins

Beaucoup de mythes celtiques s'organisent autour de l'amour entre deux êtres surnaturels ou entre un dieu et une mortelle, aux conséquences souvent destructrices. On trouve couramment le triangle constitué par le jeune amant, la jeune fille et son prétendant éconduit (souvent plus âgé), et la jalousie qui s'ensuit porte préjudice au pays et à ses habitants. La mythologie irlandaise inclut aussi le thème de la royauté sacrée, où l'union d'un roi et d'une déesse favorise la prospérité du pays. Il est à noter que la notion d'amour divin et de mariage a son pendant dans les données archéologiques sur la religion celtique païenne : on vénérait en effet des couples divins, comme l'attestent les inscriptions et l'iconographie. Dans ces cultes, le couple en soi semble doté d'une importance symbolique et engendrer l'harmonie et la prospérité.

L'amour et la jalousie dans les mythes irlandais

Midir et Etain

Le *Livre des invasions* fait de Midir le seigneur du *síd* (tertre de l'Autre Monde) de Brí Leith, un Thuatha Dé Dannan. Une des légendes de Midir évoque son amour pour une jeune mortelle, Etain. Jalouse, la femme de Midir, Fuamnach, jette un sort à la jeune fille, la transformant d'abord en mare d'eau, puis en mouche pourpre. Bien que mortelle, Etain est dotée de certains pouvoirs surnaturels, même sous sa nouvelle apparence. Elle peut bourdonner aux oreilles de Midir pour l'endormir et le prévenir de l'approche d'un ennemi. Fuamnach fait souffler un vent magique qui emporte Etain au loin, mais celle-ci est secourue par Óengus, dieu de l'amour, qui lui offre la sécurité de son palais sur les rives de la Boyne. Le pouvoir d'Óengus est suffisamment actif pour annuler en partie la malédiction, et Etain retrouve sa forme humaine du crépuscule à l'aube. Mais l'infortunée jeune fille est à nouveau emportée par le vent, et cette phase de sa vie prend fin lorsqu'elle tombe dans une coupe de vin appartenant à la femme du héros d'Ulster, Edar. Le vin est bu, et Etain renaît mille ans plus tard sous la forme d'un enfançon.

Pendant ces mille années, Midir a poursuivi sa quête

d'Etain. Lorsqu'il la découvre enfin, elle est une femme faite, épouse du roi d'Irlande. Le dieu la reconquiert par ruse et réussit à obtenir d'elle un baiser ; Etain le reconnaît alors et s'éprend à nouveau de lui. Midir s'enfuit avec sa bien-aimée, après les avoir transformés, elle et lui, en cygnes.

Le personnage d'Etain est intéressant et révèle sa qualité surhumaine. Elle renaît, mais conserve l'identité qui était la sienne mille ans auparavant ; elle est intimement liée à deux divinités, Óengus et Midir ; et surtout, par son mariage avec le roi d'Irlande, elle remplit la fonction de la déesse de souveraineté, validant le gouvernement de son époux par leur union. Midir présente une image complexe ; il est un seigneur de l'Autre Monde et capable de se métamorphoser, mais il lui faut une compagne humaine, qu'il peut doter d'un rang aussi élevé que le sien.

Óengus et Caer

Óengus des Oiseaux était un dieu de l'amour irlandais, un Túatha Dé Dánann. Fils du Dagda et de Boand, on le connaît sous le nom de Mac Óc (Fils jeune), en raison des circonstances qui entourent sa naissance. Le couple divin tint secrète son union illicite et la grossesse de Boand en immobilisant la course du soleil pendant neuf mois : Óengus fut donc conçu et mis au monde le même jour.

Óengus a essentiellement pour fonction d'aider les amants en péril. C'est dans ce rôle qu'il intervient dans l'histoire de Midir et d'Etain. Mais, dans « Le songe d'Óengus », le dieu lui-même est victime d'un amour « impossible ». Il rêve d'une jeune fille qu'il ne connaît pas. Au réveil, il s'aperçoit qu'il l'aime et découvre qu'elle se nomme Caer Ibormeith (Caer Baie d'if). Sa quête le conduit à un lac où il trouve Caer avec ses compagnes. La jeune fille prend diverses formes : tous les deux ans, à la fête de Samain, ses suivantes et elle se métamorphosent en cygnes. Óengus voit que chaque couple de jeunes filles est uni par une chaîne d'argent, mais que Caer en porte une d'or. Le père de Caer refuse qu'Óengus courtise sa fille. La seule façon pour eux de se marier est qu'Óengus s'empare de Caer lorsqu'elle se change en cygne. C'est ainsi qu'à Samain Óengus se rend au bord du lac et s'envole avec Caer après s'être, lui aussi, transformé en oiseau. Le couple fait trois fois le tour du lac en volant, cependant que son chant magique plonge tout le monde dans un profond sommeil pendant trois jours et trois nuits. Le couple vole ensuite jusqu'au palais d'Óengus, Brug na Boinne.

Comme le Mabon gallois, Óengus est l'archétype du « jeune homme » ou du « divin jeune ». Caer détient elle aussi un statut divin : son père possède son propre *síd*, ou demeure dans l'Autre Monde, et elle peut changer de forme. L'image des cygnes enchantés, liés par des chaînes de métal précieux, revient dans d'autres récits, associés notamment à Cúchulainn.

Diarmaid et Grainne

L'histoire de Diarmaid ua Duibne est consignée dans le cycle de Finn. L'épisode de l'enlèvement apparut pour la première fois dans le *Livre de Leinster*, du Xe siècle, et il fut incorporé au cycle de Finn à une date ultérieure. La tradition de la mort de Diarmaid figure dans des compilations du XIIe-XVe siècle. Le conte de Diarmaid et Grainne illustre le thème récurrent du triangle mythique : la jeune fille, le jeune homme et le prétendant plus âgé évincé. Diarmaid est un lieutenant de Finn, chef vieillissant des Fianna. Fiancée à Finn, Grainne aperçoit Diarmaid au festin précédant le mariage et s'éprend de lui. Lié par sa loyauté envers Finn, Diarmaid repousse les avances de Grainne, mais elle pique son amour-propre en doutant de son courage. Tous deux s'enfuient de la cour royale de Tara et sont poursuivis pendant de nombreuses années par Finn. Au bout de sept ans, le vieux chef de guerre semble acquis à l'idée de cette union ; toutefois, la traîtrise dont il fait preuve envers Diarmaid met en évidence les conséquences destructrices du triangle. Finn convie son rival à participer à une chasse au sanglier, mais il connaît la prophétie selon laquelle Diarmaid sera tué en affrontant le sanglier de Boand Ghulban, qui n'est autre que le frère adoptif enchanté du jeune homme. Il existe deux versions de la mort du héros : dans la première il est tué par le sanglier, dans la seconde il a le dessus sur l'animal mais meurt transpercé par l'un de ses piquants empoisonnés. Finn a le pouvoir de sauver Diarmaid en lui apportant de l'eau dans le creux de ses mains, mais il hésite et Diarmaid expire.

Le sort du couple reste fortement lié au surnaturel : tous deux sont aidés dans leur triste situation par Óengus, père nourricier de Diarmaid. Il les conseille dans leurs errances, leur enjoignant, par exemple, de ne jamais passer deux nuits au même endroit. Pendant leurs pérégrinations, ils pénètrent dans la forêt de Duvnos, où le géant Sharvan garde l'arbre d'immortalité. Bien que le monstre soit quasiment immortel, Diarmaid le tue, et Grainne et lui consomment les baies de l'arbre, acquérant eux-mêmes une quasi-immortalité. La mort de Diarmaid survient seulement au moyen d'un enchantement.

Deirdre et Naoise

Le texte du IXe siècle qui relate la fuite malheureuse des amants Deirdre et Naoise fut incorporé au cycle d'Ulster à une période plus tardive, sous la forme d'un récit d'introduction à la *Táin.* Le roi Conchobar d'Ulster a pour chef de ses conteurs Fedlimid, père de Deirdre. Avant la naissance de celle-ci, le druide de la cour, Cathbad, prophétise que l'enfant deviendra une beauté mais apportera la ruine aux hommes d'Ulster.

Les guerriers de Conchobar réclament sa mort à grand bruit, mais le roi décide de l'élever en secret, puis de la marier le moment venu. Deirdre, alors qu'elle vit encore à l'écart des hommes, voit Conchobar dépouiller un veau dans la neige et un corbeau en boire le sang. Elle déclare que l'homme qu'elle choisira devra avoir les mêmes couleurs : des cheveux noirs, une peau blanche et des joues vermeilles. La compagne de Deirdre, Leabharcham, déclare qu'un homme présente ces trois critères : Naoise, fils d'Uisnech. La jeune fille parvient à le rencontrer, mais lui n'a pas oublié la prophétie et repousse ses avances. Deirdre conteste alors son courage (comme Grainne), et le couple s'enfuit en compagnie de deux frères de Naoise, Ainle et Ardan.

Les fugitifs se réfugient en Écosse mais sont rappelés à Emain Macha, Conchobar leur faisant savoir qu'il leur pardonne. Seule Deirdre soupçonne un piège. Sur le chemin du retour, les trois frères sont tués par un certain Eogan. Après avoir emprisonné Deirdre pendant un an, Conchobar projette de donner la jeune femme à Eogan, mais elle se tue plutôt que d'épouser le meurtrier de son amant.

Plusieurs éléments mythologiques sont à relever ici. Le triangle maudit des jeunes amants et du vieux prétendant réapparaît. Deirdre est elle-même entourée de mystère. La prophétie sur les conséquences de sa naissance pour l'Ulster et le fait que trois grands héros abandonnent la cour de Conchobar à cause d'elle, ses propres dons prophétiques, sa personnalité plus forte que celle de Naoise sont autant d'éléments qui la placent au-dessus des humains. Naoise et ses frères méritent aussi notre attention : des trois, seul Naoise est vraiment pourvu d'une identité. Les frères ne sont peut-être là qu'en vertu du symbolisme lié à la triade. Un grand nombre de mythes gallois et irlandais font en effet référence au chiffre 3, magique ou sacré.

Les amants gallois

Nous n'évoquerons que rapidement ici les amants gallois, les mythes qui leur sont liés ayant déjà été examinés. Dans la tradition galloise, deux couples se détachent avec un relief particulier : Pwyll et Rhiannon dans la première branche du *Mabinogi*, et Kulhwch et Olwen dans le conte du même nom. L'histoire de la cour que Pwyll fait à Rhiannon comporte des éléments comparables à ceux de la tradition irlandaise : c'est la ruse utilisée par Pwyll à l'encontre du prétendant de Rhiannon, Gwawl, qui provoque l'enchantement de Dyfed, relaté dans la troisième branche. L'histoire de Kulhwch et Olwen est un peu différente, mais l'amour de Kulhwch a des conséquences d'une portée considérable et donne naissance à toute une phalange d'êtres surnaturels. Cet amour n'annonce pas la catastrophe, mais il est assez fort pour mobiliser Arthur, Mabon et autres héros de stature surhumaine ; et l'épreuve imposée à Kulhwch par Yspaddaden ne peut être accomplie qu'avec l'aide divine.

Les couples divins dans la religion celtique païenne

Les couples de dieux et de déesses forment un trait dominant du panthéon celtique, comme le montrent l'iconographie et l'épigraphie de l'Europe romano-celtique. On voit se dessiner un modèle récurrent : lorsqu'ils furent introduits dans le monde celtique, les dieux d'origine gréco-romaine acquirent souvent des épouses ou des compagnes qui appartenaient au territoire conquis. Les inscriptions réunissent fréquemment un dieu au nom classique et une déesse au nom celtique, le couple Mercure-Rosmerta en offrant une illustration marquante. Le dieu pouvait avoir un nom romain mais un qualificatif celtique : ainsi Apollon Grannos et Sirona. De même les deux divinités pouvaient-elles porter des noms indigènes, ainsi Sucellus et Nantosuelta. Certains couples divins étaient vénérés dans une vaste aire géographique : on honorait Mercure et Rosmerta en Grande-Bretagne, en Gaule et en Rhénanie. D'autres, comme Ucuetis et Bergusisa à Alésia, semblent n'avoir été invoqués qu'en un seul endroit.

Le symbolisme lié à tous les couples divins vénérés dans l'Europe celtique païenne montrerait qu'on honorait en eux des puissances dispensatrices de santé, de richesse ou d'abondance. Sucellus (le Dieu qui frappe) et sa parèdre Nantosuelta (le Ruisseau qui serpente), nommés sur un autel à Sarrebourg, dans l'est de la Gaule, étaient particulièrement associés aux vendanges, notamment en Bourgogne. Le maillet de Sucellus frappe la terre pour la fertiliser, et l'emblème de Nantosuelta, une maison au bout d'une perche, met en évidence la dimension domestique de leur culte. Le nom de Rosmerta signifie « Grande Dispensatrice », et le Mercure celtique était invoqué surtout sous son aspect commerçant, apportant la réussite que symbolisaient sa bourse (emblème d'origine classique) ou sa besace. En Grande-Bretagne, Rosmerta a pour attribut une cuve ou un seau, peut-être un symbole de renaissance analogue au chaudron, qui occupe une place si importante dans le mythe gallois.

Plusieurs couples divins figurés dans l'imagerie celtique sont associés à la médecine et à la protection. C'est ainsi que l'Apollon celtique et ses diverses partenaires sont fortement liés au culte de sources curatives. On vénérait Apollon et Sirona à Hochscheid, en Allemagne, et ailleurs ; on invoquait Apollon Moritasgus et Damona aux sources d'Alésia. Il existait une étroite parenté entre les pouvoirs guérisseurs et la fécondité. Sirona et Damona, parèdres d'Apollon, sont toutes deux symbolisées par des épis de blé et des serpents, qui mêlent l'imagerie de la renaissance (associée à la mue) et celle de la fécondité. A Hochscheid, Sirona porte des œufs, emblèmes puissants de fécondité et de régénération. Les déesses révèlent parfois leur nature « polyandre » : Damona, par exemple, est appariée à Apollon à Alésia, avec un autre dieu guérisseur, Borvo, à Bourbonne-les-Bains, et avec la divinité locale, Abilus, à Arnay-le-Duc, tout cela en Gaule. Ancamna était associée au grand guérisseur Lenus Mars à Trèves, mais aussi à Mars Smertrius à Möhn, également sur le territoire des Trévires. Le lien entre le Mars celtique et la médecine semble découler de l'idée que le dieu combat la maladie, la stérilité et la mort, et protège de ces maux.

Certains couples divins appartenaient strictement au territoire sur lequel on les vénérait, personnifiant le pays ou la ville où ils étaient invoqués. En France, par exemple, Luxovius et Bricta à Luxeuil-les-Bains, et Bormanus et Bormana à Die ; et Veraudinus et Inciona à Widdenburg, au Luxembourg. Cette liaison étroite avec le pays acquiert un intérêt tout particulier lorsqu'on la met en regard des traditions mythiques insulaires de royauté sacrée.

Même si l'on s'interroge sur le bien-fondé d'hypothèses cherchant à établir un lien entre les données archéologiques et vernaculaires, l'iconographie des couples divins montre clairement que leur culte doit au moins une part de sa vogue à leur union proprement dite, ce qui expliquerait la popularité des couples divins dans tout le monde celtique.

Le ciel et
les mythes solaires

Les sources littéraires restent à peu près muettes sur de nombreux pans de la religion et des mythes celtiques, aussi doit-on se tourner vers l'archéologie pour combler une partie des lacunes. Les Celtes païens étaient conscients de la présence d'esprits dans toutes les dimensions du monde naturel. Les données archéologiques montrent la place prédominante du soleil parmi tous les phénomènes naturels, invoqué comme force de vie, source de fécondité et de guérison et consolation des morts. On ne saurait construire une mythologie ou une théologie du culte du soleil en recourant aux seuls témoignages de l'archéologie, mais la complexité de quelques éléments iconographiques illustrant le culte solaire suffit à donner un aperçu des croyances qu'ils véhiculent.

La tradition vernaculaire

Abondantes dans le corpus culturel de l'Europe celtique païenne, les preuves d'une religion solaire sont extrêmement peu nombreuses dans les mythes irlandais et gallois. Nous relevons çà et là des allusions à un culte solaire, mais elles restent indirectes et vagues. En Irlande, la déesse éponyme Eriu possédait peut-être une fonction solaire en tant que déesse de souveraineté, partie du rituel lié à la royauté sacrée. Dans le mythe qui se développa autour des rites d'intronisation, le soleil devint la coupe d'or remplie d'un breuvage vermeil (du vin, peut-être) que tient Eriu et qui est remise aux rois mortels successifs d'Irlande pour légitimer ou ratifier leur élection et favoriser en même temps la prospérité et la fertilité du sol. Ce mythe est intéressant à deux égards. D'abord, parce que le soleil est associé à la déesse, à l'inverse de ce qu'on observe dans la plupart des cultes solaires, rendus presque exclusivement à des divinités mâles. Dans la tradition celtique païenne transmise par l'iconographie, il existe une déesse solaire, représentée par des figurines d'argile dont le corps porte des symboles solaires. Les témoignages du mythe et de l'imagerie se rejoignent donc. Le second point important concerne l'association insulaire faite entre le soleil et la fécondité, autre dimension mise en évidence par les preuves archéologiques de cultes solaires.

Le soleil peut être vénéré pour sa chaleur ou sa lumière, ou les deux. Lorsque l'accent est mis sur la lumière, il devient parfois difficile de savoir si le culte est rendu au soleil ou au ciel. Le dieu irlandais Lug (le Brillant) est nettement associé à la lumière éclatante ; dieu solaire ou non, son rôle de jeune guerrier divin, vainqueur du mal, trouve son pendant dans une partie de l'iconographie païenne que nous allons examiner.

La tradition mythologique galloise ne comporte aucun élément prouvant l'existence d'un culte solaire. On y relève néanmoins un mythe qui fait référence à un dieu de la lumière. Il figure dans « Math », la quatrième branche du *Mabinogi*, qui raconte l'histoire du dieu surnaturel Llew Llaw Gyffes. Son nom signifie « le Brillant à la main agile », et il est peut-être apparenté à Lug. Outre son nom, des détails du comportement de Llew sous-entendent aussi un rapport avec l'imagerie céleste. Lorsqu'il est blessé par la lance de l'amant de sa femme Blodeuwedd, Llew se change en aigle et s'envole dans un chêne. Dans le symbolisme romano-celtique païen, l'aigle et le chêne étaient étroitement associés au culte du dieu du ciel, Jupiter de son nom romain.

Les cultes solaires dans l'Europe celtique païenne

Vers le milieu de l'âge du bronze, les communautés préhistoriques d'une grande partie de l'Europe vénéraient déjà le soleil et le représentaient sous la forme d'une roue à rayons. La roue semble avoir été choisie comme symbole en raison de sa forme et de son mouvement, identiques à ceux du soleil. Les indices d'une religion céleste et solaire qui aurait existé au début de l'âge du fer sont, par la force des choses, indirects, mais certaines conduites répétitives traduisent le pouvoir qu'on attribuait au soleil : les guerriers portaient des amulettes solaires pour se protéger dans les batailles ; on enterrait les morts avec des emblèmes solaires miniatures, comme pour éclairer leur périple obscur vers l'Autre Monde. Les fidèles offraient des modèles réduits de roue dans des sanctuaires, comme à Alésia, en Bourgogne, et les jetaient dans les cours d'eau, par exemple la Seine, l'Oise et la Marne, comme offrandes votives.

Le dieu solaire à la roue

La période romano-celtique en Grande-Bretagne et en Europe connut un grand épanouissement de la religion solaire. Tout témoigne d'un culte complexe, aux expressions multiples, dans lequel les pouvoirs du soleil sont nombreux et intéressent quantité de domaines. A cette époque, l'image d'un dieu du soleil, associé à sa roue emblématique, montre que les Celtes le concevaient sous une forme humaine. Il faut peut-être en voir l'annonce, dès la fin de l'âge du fer, dans la représentation d'un dieu à la roue sur le chaudron danois de Gundestrup, qui date du IIe siècle av. J.-C. L'iconographie romano-celtique représente habituellement le dieu solaire à la roue sous une forme assez voisine de celle du dieu du ciel romain, Jupiter. Ainsi la statuette d'un dieu à la roue provenant de Landouzy-la-Ville, en France, dédiée à Jupiter.

Il faut noter que l'association soleil-guerre, déjà présente à l'âge du fer, se perpétue pendant la phase romano-celtique, où un groupe d'images d'inspirations différentes montre le dieu solaire-dieu du ciel combattant les forces des ténèbres et du mal. Ces sculptures couronnent des piliers imposants, connus sous le nom de « colonnes du Jupiter au géant » parce qu'elles sont dédiées au dieu du ciel romain. Bien que l'iconographie du vainqueur terrassant l'ennemi puisse avoir son origine dans l'art romain, les images placées au sommet de ces colonnes dépeignent une tradition religieuse purement celtique, où le dieu de la lumière et de la vie monte un cheval, brandissant sa roue solaire comme un bouclier et son éclair comme une arme, et piétine les forces chthoniennes personnifiées par un géant anguipède. L'association entre le soleil et la guerre ne s'arrête pas aux colonnes de Jupiter. Belatucadrus, le nom du dieu de la guerre du nord des Îles britanniques, signifie « le Bel Étincelant » ; le surnom du Mars Loucetius gaulois, invoqué avec sa parèdre Nemetona à Bath, évoque aussi la lumière. Le relief en poterie d'un dieu guerrier à Corbridge, dans le Northumberland, est accompagné d'une roue.

Le cheval solaire

Le cheval était étroitement lié au culte solaire. On voyait en lui un animal suffisamment rapide et noble pour porter la divinité céleste au cœur de la bataille, mais son association avec le soleil couvre un champ bien plus étendu. Dans de nombreux mythes solaires indo-européens, le disque solaire traverse le ciel dans un char tiré par un attelage. Le chariot du dieu grec Apollon figurait sur le revers de monnaies celtiques :

l'art celtique condensait souvent l'image en ne retenant qu'un coursier, une roue de chariot et un grand disque solaire à rayons dans le ciel.

Guérison et fécondité

La chaleur et la lumière dispensées par le soleil ont donné naissance à des cultes de guérison et de promesse d'abondance. On jetait de petites roues solaires dans les sources thermales ; la déesse vénérée au grand sanctuaire de Bath s'appelait Sulis, nom solaire. L'Apollon celtique était une divinité de lumière et de guérison assimilée à plusieurs dieux locaux, et on l'honorait en de nombreuses sources-sanctuaires thérapeutiques. Ainsi l'on priait Apollon Belenus (le Brillant ou le Lumineux) à Sainte-Sabine, en Bourgogne, mais également en des lieux aussi éloignés que Noricum, en Autriche. Le nom de Belenus se rattache peut-être à Beltaine, la grande fête insulaire du 1er mai, où l'on allumait des feux de joie pour célébrer l'été et comme rite de purification pour protéger le bétail contre la maladie. Le surnom celtique d'Apollon Vindonnus, vénéré à Essarois, en Bourgogne, évoquait une lumière pure et limpide. Son culte était d'ailleurs spécialement lié à la guérison des affections oculaires. Le fronton du temple de Vindonnus le montrait sous les traits d'un dieu solaire rayonnant.

La fécondité constituait une fonction majeure du soleil divin, dont la chaleur et la lumière apparaissaient indiscutablement comme des forces de vie. Les déesses mères celtiques étaient parfois liées au culte solaire. De petites figurines de déesses en argile provenant du centre de la Gaule et de Bretagne portaient des symboles solaires sur le corps. A Netherby, en Combrie, et à Naix, dans le nord de la Gaule, une divinité est accompagnée d'une roue solaire et d'une corne d'abondance, puissant symbole de fécondité.

Le feu

Les grandes fêtes du feu de l'Europe celtique célébraient en lui l'homologue sur terre du soleil dans le ciel. Comme le soleil, le feu donne la vie et la détruit. Le feu nettoie, purifie ; une végétation fertile renaît de ses cendres. Les cérémonies du feu définissaient une sorte de célébration magique par « sympathie », destinée à convaincre le soleil de revenir après sa disparition hivernale. Beltaine le 1er mai, Lugnasad le 1er août et Samain à la fin de l'année celtique (1er novembre) célébraient les moments-charnières du cycle solaire annuel. La fête chrétienne du solstice d'été marquant la naissance de saint Jean-Baptiste découle en droit-fil de ces cérémonies beaucoup plus anciennes. Un rite de ces fêtes, païennes ou chrétiennes, consistait à faire dévaler à une roue embrasée une pente jusqu'à une rivière. Le saint Vincent chrétien a relaté une cérémonie en Aquitaine, au IVe siècle, où l'on mettait le feu à un disque avant de le faire rouler jusqu'à une rivière et de le reconstruire ensuite dans le temple du dieu du ciel. Encore au XIXe siècle, à la Saint-Jean, une grande roue recouverte de paille embrasée dévalait la pente du mont Stromberg jusqu'à la Moselle. Si elle atteignait l'eau sans rencontrer d'obstacle et sans s'éteindre, les vendanges seraient bonnes. L'association païenne entre la fertilité et l'abondance se perpétuait sous cette forme dans un rite manifestement chrétien.

Le soleil et la mort

Le pouvoir surnaturel du soleil pénétrait les régions ténébreuses, infernales. Pendant l'âge du fer et la période romaine, les communautés celtiques d'Europe enterraient parfois leurs morts avec des amulettes solaires destinées à les consoler lors de leur séjour aux Enfers. Au Dürrnberg, en Autriche, une fillette contrefaite, âgée de huit ou dix ans mais très chétive, était inhumée avec une petite roue en bronze, exemple parmi d'autres de ce rituel chthonien solaire. Une tradition relevée dans l'Alsace romano-celtique met encore plus clairement en évidence l'association mort-soleil. Là, les pierres tombales portaient des motifs solaires gravés qui éclairaient symboliquement l'obscurité de la tombe. Ce lien entre l'éclat du soleil et la tombe exprime peut-être l'espoir d'une renaissance dans un Autre Monde paradisiaque.

Divinité de la montagne et dieu tonnant

Les sites élevés se prêtent tout particulièrement à la vénération des forces du ciel. Les montagnes, c'est-à-dire l'espace sacré qui s'y projette, plaçaient les fidèles le plus près possible de l'élément investi par la divinité. Les dieux de la montagne celtiques étaient assimilés au Jupiter romain : on vénérait Ladicus au mont du même nom en Espagne, Poennius dans les hauts défilés alpins de la Gaule, Uxellinus en Autriche. Dans les Pyrénées du sud-ouest de la Gaule, on honorait une version locale de Jupiter aux sanctuaires du mont Saçon et de Valentine, et les pèlerins dédiaient à la divinité de petits autels grossièrement taillés, portant parfois une inscription à Jupiter, mais décorés de roues et de swastikas. Dans cette région, la swastika constituait un autre emblème solaire, ressemblant à la roue mais privilégiant l'idée de mouvement.

On associait souvent les divinités de la montagne aux phénomènes célestes, par exemple les orages. Le Jupiter Dolichenus syrien en est un exemple. Les Celtes honoraient leur propre dieu du tonnerre, Taranis, dont le nom vient de *taran*, mot celtique désignant le tonnerre. Au

Iᵉʳ siècle ap. J.-C., le poète romain Lucain évoque dans son épopée la *Pharsale* trois dieux celtiques terrifiants que l'armée de César découvrit en Gaule :

> ... et ces Gaulois qui offraient des sacrifices humains aux impitoyables dieux Teutatis, Esus et Taranis, devant les autels de qui le visiteur frémit...

Un commentateur ultérieur des poèmes de Lucain rattache Taranis au sacrifice d'êtres humains enfermés dans un gigantesque mannequin d'osier embrasé. L'Europe romano-celtique recensait sept autels consacrés à ce dieu tonnant : en Grande-Bretagne, à Chester, en Gaule, en Rhénanie et en Dalmatie (l'ex-Yougoslavie). Dans certaines dédicaces, le dieu porte le nom de Jupiter Taranis. Comme le soleil, Taranis est un élément du pouvoir céleste. Mais le dieu solaire à la roue se distingue du dieu tonnant celtique. Taranis représente la force tonitruante, destructrice, surnaturelle de l'orage : son symbolisme et son identité sont contenus dans le nom lui-même.

Culte et théologie

Certaines découvertes « liturgiques » montrent que les dieux du ciel et du soleil celtiques auraient fait l'objet d'un culte ritualisé. En Grande-Bretagne, dans le Surrey, le temple de Wanborough a livré deux coiffes à maillons surmontées de roues symboliques que portaient peut-être les prêtres du culte solaire. La massue de bronze provenant de Willingham Fen, dans le Cambridgeshire, qui porte une représentation du dieu à la roue, fait également écho à un rite cérémoniel. Des sanctuaires comme celui d'Alésia, avec ses nombreuses roues miniatures, étaient peut-être consacrés au dieu solaire.

Peut-on parler d'une théologie ou d'une mythologie associée au culte du soleil et du ciel ? En l'absence quasi totale de documents, il serait inexact de parler de mythes célestes au sens strict. Mais une certaine iconographie complexe prouve l'existence, en des temps anciens, d'un système de croyances fondamentales qui s'appuyait probablement sur les mythes. Les sculptures des colonnes de Jupiter renvoient à un mythe dualiste, saisonnier, où les forces du jour et de la nuit, de la lumière et des ténèbres, de la vie et de la mort, s'équilibrent dans une lutte éternelle pour affirmer leur pouvoir. La complexité du sceptre de Willingham, sur lequel figurent un dieu solaire, un taureau à trois cornes, un aigle, un dauphin et un monstre infernal, plaide une fois encore pour la présence du mythe. C'est en définitive tout un éventail de preuves concrètes qui met en évidence le champ des fonctions des puissances célestes : la vie, la guérison, la fécondité et les mystères de la mort et de la renaissance.

Fécondité, terre et eau

Comme dans beaucoup de religions polythéistes, les dieux celtiques étaient partout : chaque arbre, lac, fleuve, montagne et source possédait un esprit. Cette omniprésence de la divinité dans la nature donna naissance à de nombreux cultes et mythes liés à la fécondité. Les plus importants avaient trait à la déesse mère, en qui l'on honorait la dispensatrice d'abondance et de prospérité, dans la vie avant et après la mort. Dans la mythologie irlandaise, l'union du roi mortel et de la déesse de la terre garantissait la fertilité de l'Irlande. Les grandes fêtes celtiques suivaient les rythmes de l'année pastorale ou agricole, de la reproduction des animaux domestiques et de la maturation des cultures. L'eau était perçue comme force de vie, et les cultes rendus à cet élément constituaient un des traits marquants de la religion celtique. Les sources faisaient l'objet de cultes fondés sur les propriétés curatives et purifiantes de l'eau que rien n'a souillée.

Les esprits dans le paysage

Le paysage celtique était investi par des esprits : l'iconographie et l'épigraphie de l'Europe romano-celtique témoignent de la sacralisation des sites naturels, que l'on estimait placés sous la protection des divinités des lieux. Une agglomération et son dieu portaient parfois le même nom : dans le sud de la Gaule, Glanis était l'esprit de Glanum, et Nemausus désignait à la fois Nîmes et le dieu que l'on invoquait à sa source sacrée. De même vénérait-on les esprits des montagnes : Vosegus était le dieu des Vosges, dans l'est de la Gaule ; et nous avons déjà mentionné Ladicus, l'esprit éponyme du mont Ladicus, dans le nord-ouest de l'Espagne.

Les arbres, les bois et les forêts revêtaient le même caractère sacré. Un symbolisme complexe s'attachait aux arbres. Leurs racines et leurs branches jetaient un pont entre le ciel et l'Autre Monde, leur longévité représentait la continuité et la sagesse ; les changements saisonniers que connaissent les arbres à feuilles caduques donna naissance à un symbolisme cyclique, allégorie de la vie, de la naissance et de la renaissance. Les arbres appartenaient aux cultes de la fécondité et de la nature en raison, notamment, de leur imagerie de régénération. Les déesses mères sont souvent associées aux arbres : les autels rhénans consacrés aux déesses mères provenant de Bonn portent des symboles d'arbres ; le culte du sanctuaire des mères de Pesch, également en Allemagne, était centré sur l'arbre. Les noms des tribus gauloises traduisent cette vénération : les Éburons étaient la « tribu de l'If », les Lémovices le « peuple de l'Orme ». En Irlande, un arbre sacré portait le nom de *bile* ; plus l'arbre accumulait les années, plus il était saint. Tous les arbres de la mythologie irlandaise étaient sacrés, mais on vouait un culte particulier au chêne, à l'if, au frêne et au noisetier. Dans le *Dindshenchas*, il est fait allusion aux arbres comme source de sagesse sacrée. Les arbres d'Irlande participaient de la royauté sacrée : l'intronisation d'un souverain se faisait toujours en présence d'un arbre sacré, symbole de souveraineté, de tradition et de sagesse. Le même caractère sacré s'attachait à un groupe d'arbres – bois ou bosquet – appelé *fidnemed* en Irlande et *nemeton* par les Gaulois et les Brittons.

Cultes de l'eau et sources curatives

On considérait l'eau comme un élément à la fois créateur de vie et destructeur. Aussi faisait-elle l'objet, sous toutes ses formes – en particulier les fleuves et les rivières, les sources, les lacs et les marais –, d'innombrables mythes et cultes dont l'archéologie et la littérature occidentale ont conservé la trace. Le caractère sacré et symbolique de l'eau se perpétua dans la tradition chrétienne. Les fleuves et les rivières étaient considérés comme une force de vie possédée par l'esprit : dès l'âge du bronze, les gens jetaient des objets précieux dans leur courant comme offrandes votives. A l'âge du fer celtique, les eaux de la Tamise et de la Witham accueillaient surtout des offrandes guerrières : armes, armures et boucliers. Les fleuves et les rivières étaient spécialement sacrés à leurs sources et à leurs confluents. On rendait un culte à Condatis (Jonction des eaux) dans la région de Tyne-Tees, dans le nord de la Grande-Bretagne, et le site sacré de Condate, à Lyon, marquait la confluence sacrée du grand Rhône et de la Saône. Il est attesté que l'on adorait les *personae* de nombreux cours d'eau sous la forme d'esprits portant un nom, ainsi la Sequana de la Seine, la Souconna de la Saône ou la Verbeia de la Wharfe. Le *Dindshenchas* relate le mythe de la Boyne, personnifiée par la déesse Boyne, qui fut changée en rivière par son époux, Nechtain, lui-même un esprit de l'eau, pour avoir osé visiter son puits interdit (*síd* Nechtain).

Les lacs et les marais possédaient aussi leurs esprits. L'auteur classique Strabon rapporte qu'on déposait des trésors au fond de lacs sacrés, et des vestiges archéologiques confirment cette pratique. Au site de La Tène, en Suisse, des plates-formes en bois (qu'on peut dater par dendrochronologie, c'est-à-dire par l'étude des anneaux de croissance des arbres, du IIe siècle av. J.-C.)

spécialement construites à cet effet permettaient de jeter des objets précieux dans une petite baie de l'extrémité orientale du lac de Neuchâtel. Ces offrandes comprenaient des centaines de broches, d'armes et de boucliers, de chars et d'animaux dispersés là autour de 100 av. J.-C. Au Pays de Galles, une activité cultuelle se développa vers 600 av. J.-C. autour du lac de Llyn Fawr, dans le Mid Glamorgan, où l'on déposa notamment des chaudrons anciens et des matériaux étrangers à la région, appartenant au style de Hallstatt (d'après le nom du site où il fleurit, en Autriche). Llyn Cerrig Bach, sur l'île d'Anglesey, fut le dépôt de nombreux objets de prestige, parmi lesquels des chars, des armes et des chaudrons, pendant une période allant du IIe siècle av. J.-C. au Ier siècle ap. J.-C. Il est possible que Llyn Cerrig ait été associé aux druides, dont l'auteur romain Tacite dit qu'ils avaient un centre cultuel important dans l'île de Mona.

Le dépôt fréquent de chaudrons dans l'eau est intéressant. Dans la mythologie vernaculaire, ces récipients étaient traditionnellement associés aux banquets et à l'abondance. Le Dagda irlandais possédait un énorme chaudron qui se remplissait perpétuellement ; et le héros gallois Bran fit don d'un chaudron de renaissance au roi irlandais Matholwch. Leur fonction de récipient de liquide explique peut-être pourquoi ils figuraient si souvent parmi les offrandes sacrées déposées dans l'eau. Les grands chaudrons danois de Bra et de Gundestrup furent mis au jour dans des marais ; le chaudron de Duchcov, dans l'ex-Tchécoslovaquie, provenait d'un sanctuaire vernal celtique et renfermait plus de deux mille bijoux en bronze. Tout à la fin de l'âge du fer (début du Ier siècle ap. J.-C.), on déposait rituellement des chaudrons dans les lacs écossais, notamment à Carlingwark Loch et Blackburn Mill.

Une activité cultuelle importante se concentrait aussi autour des marais, en raison de la présence d'eau, mais peut-être aussi de l'élément de danger et de traîtrise qui s'y attachait. Pendant l'âge du fer celtique, on se conciliait les esprits des marais par des offrandes diverses, allant d'armes, de chaudrons et de chariots à des sacrifices humains. Le chanfrein écossais de Torrs, pièce de harnais élaborée, provenait d'un marais, de même que le chaudron de Gundestrup et deux chariots cultuels découverts à Dejbjerg, au Danemark. En Grande-Bretagne, l'offrande aux marais la plus spectaculaire fut mise au jour à Lindow Moss ; il s'agissait du corps d'un homme jeune qui avait été garrotté et jeté nu dans un étang à l'âge du fer.

Les sources et les puits étaient associés à des divinités et, en particulier, à des cultes thérapeutiques. Les puits, forés profondément dans le sol, formaient un lien entre la terre et l'Autre Monde. La déesse Coventina veillait sur une source et un puits sacrés au fort romain de Carrawburgh, sur le mur d'Hadrien. Un puits romano-britannique à Goadby, dans le Leicestershire, renfermait deux corps lestés de pierres, peut-être des offrandes aux puissances des Enfers. A Jordan Hill, dans le Dorset, un puits asséché datant de la période romaine contenait des dépôts très curieux et soigneusement agencés, notamment des cistes de pierre remplies d'objets de métal travaillé et seize paires de tuiles, cachant chacune la dépouille d'un corbeau et une pièce de monnaie. Les puits sacrés sont présents dans les mythes insulaires : le cycle de Finn mentionne le « saumon de la connaissance », qui vivait au fond d'un puits. Le culte de la déesse irlandaise Brigite, qui devint une sainte chrétienne, était étroitement lié aux puits sacrés. On invoquait le saint tutélaire de nombreux puits cultuels, ainsi saint Melor de Cornouailles. Le puits de sainte Winifride à Holyweell in Clwyd est un des nombreux exemples gallois. Comme dans la légende de la Winifride galloise, les têtes coupées de saints bretons dotaient certains puits de vertus sacrées et curatives.

On révérait les sources pour leurs propriétés médicinales et purificatrices. A l'époque romano-celtique, de puissants cultes associés aux sources thermales attiraient des pèlerins de toute l'Europe celtique. Les deux sources naturelles de Chamalières, près de Clermont-Ferrand, étaient chargées de minéraux aux réels pouvoirs thérapeutiques : au Ier siècle av. J.-C. et au Ier siècle ap. J.-C., les malades se rendaient au bassin sacré et offraient à l'esprit du lieu des représentations d'eux-mêmes en bois, montrant en particulier des affections oculaires. A la même période, on édifia un sanctuaire à Fontes Sequanae (les sources de la Sequana), près de Dijon, où l'on vénérait la déesse de la Seine sous son aspect guérisseur à la source du fleuve. Plus de deux cents ex-voto en bois, représentant les pèlerins ou les parties de leur corps qu'il fallait guérir, étaient dédiés à la déesse. Les cultes guérisseurs comme celui-ci reposaient sur un principe de réciprocité : après s'être baigné dans l'eau pure et sacrée de la source, le fidèle offrait une effigie en réduction du membre ou de l'organe malade, dans l'espoir que la divinité lui en donnerait un autre en retour, intègre et sain.

Beaucoup d'autres divinités des sources faisaient l'objet d'un culte en Gaule et en Grande-Bretagne : un grand nombre de ces sites honoraient l'Apollon celtique, parfois avec sa parèdre. On l'invoquait sous le nom d'Apollon Belenus à Sainte-Sabine, en Bourgogne, et ailleurs ; Apollon Grannus, avec sa compagne Sirona, était vénéré à Grand, dans les Vosges, mais également en Bretagne et en Hongrie. Ici, comme dans d'autres sanctuaires, les malades prenaient un bain rituel, présentaient leur offrande et dormaient ensuite dans une salle de repos spéciale, en espérant voir en rêve le dieu guérisseur. Parmi les autres grands dieux thérapeutes figurait Lenus Mars, dieu tréviran dont le principal centre cultuel s'organisait autour d'un cours d'eau et d'une source proches de la Moselle, à Trèves. La grande divinité thérapeute britannique était Sulis, dont le sanctuaire d'Aquae Sulis, le grand temple de Bath, se dressait sur un site où les sources chaudes jaillissent encore du sol avec un débit de plus d'un million de litres par jour.

Mythes et cultes de fertilité

Peuple essentiellement rural, les Celtes portaient un intérêt particulier aux saisons, ainsi qu'à la fertilité et au bon état de leurs cultures et de leur bétail. La plupart des divinités de l'Europe celtique, du fait de leur association avec la nature, possédaient une fonction nourricière : ainsi Cernunnos, Epona et les dieux chasseurs et guérisseurs, pour ne citer que quelques exemples. L'iconographie nous montre des esprits encapuchonnés, les *genii cucullati*, tenant dans leurs mains des symboles de fertilité, par exemple des œufs. Sur le continent, ces esprits exhibaient parfois un symbolisme ouvertement sexuel : dans certaines représentations, le capuchon est amovible et met en évidence un phallus en érection. Les *cucullati* britanniques se singularisent par leur forme triple et leur association fréquente avec des représentations des déesses mères.

Ce sont les mères qui personnifient le plus ostensiblement la fécondité. Les Celtes européens (comme d'autres peuples du monde antique et classique) vénéraient la terre mère sous son aspect fondamental de dispensatrice d'abondance. Cette conception s'apparente étroitement à l'image irlandaise et galloise de déesses comme Macha, Medb et Modron. Le culte de la mère divine était très répandu dans toute l'Europe romano-celtique : on la montrait le plus souvent sous la forme d'une triade, et l'épigraphie traduit aussi cette pluralité lorsqu'elle fait référence aux *deae matres* ou aux *deae matronae*. Cette vision tripartite revient avec insistance dans l'imagerie d'êtres divins associés à la prospérité et au bien-être. Les mères sont souvent montrées assises l'une à côté de l'autre, avec, sur les genoux, des symboles de fécondité tels que des nourrissons, des fruits ou une miche de pain. Une image bourguignonne caractéristique, qu'on peut voir notamment sur un relief de Vertault, représente les déesses avec un enfant, une nappe ou une serviette et une éponge et un bassin. Les *matronae* germaniques étaient des déesses topographiques caractérisées par des surnoms locaux, comme les *Aufaniae*. Elles portent des fruits et non des emblèmes de la fécondité humaine et se singularisent par leur représentation, qui montre toujours deux déesses plus âgées encadrant une jeune fille, comme pour symboliser les âges de la vie d'une femme. Les déesses mères britanniques portent des enfants et des fruits ou du pain ; elles se répartissent en deux groupes géographiques, celles de l'Ouest et celles du mur d'Hadrien.

Les fêtes celtiques

La tradition mythique insulaire mentionne quatre grandes fêtes celtiques saisonnières, toutes associées à l'année agricole. Imbolc, célébrée le 1er et le 2 février, était liée à la lactation des brebis. Cette fête se rattachait au culte de Brigite, déesse aux fonctions multiples, qui protégeait les femmes en couches, présidait à la récolte des céréales servant à faire la bière et était également associée à la poésie et à la prophétie. Notons que Brigite conserva beaucoup de ses attributs païens après que l'Église celtique d'Irlande l'eut adoptée comme sainte au tout début de l'époque chrétienne.

La fête de Beltaine (Feu de Bel) se déroulait le 1er mai ; elle ouvrait la saison du pâturage et accueillait l'été et la chaleur du soleil qui feraient mûrir les cultures. On allumait des feux de joie pour amener, par sympathie, le soleil à réchauffer la terre. Selon une coutume de Beltaine rapportée par le commentateur du IXe siècle ap. J.-C., Cormac, les druides allumaient deux feux, entre lesquels on faisait passer le bétail, rituel magique de fécondité et de purification.

La fête de Lugnasad était liée à la moisson. On la célébrait le 1er août, mais les festivités duraient un mois. D'après la tradition irlandaise, la foire de Lugnasad fut introduite en Irlande par Lug en mémoire de sa mère adoptive Tailtiu ou pour célébrer son mariage. La fête se déroulait en divers endroits, notamment dans les places fortes royales de Tara et d'Emain Macha.

Samain (31 octobre-1er novembre) est la fête qui nous est la plus connue. Elle marquait le début de l'hiver et la nouvelle année celtique. Samain annonçait la période de l'année pastorale où l'on rentrait les bêtes, dont certaines étaient abattues et les autres gardées pour la reproduction. Le calendrier gaulois de Coligny, du Ier siècle av. J.-C., la mentionne sous le nom de Samonios. En Irlande, à la fin du premier millénaire ap. J.-C., de grandes assemblées des cinq provinces se déroulaient à Samain et étaient l'occasion de rites pastoraux et de débats politiques : des marchés, des foires et des courses de chevaux célébraient la circonstance. Samain marquait aussi le deuil rituel de l'été et un moment dangereux du cycle annuel, un intervalle entre deux périodes où le temps et l'espace étaient momentanément figés et les lois ordinaires en suspens. Les barrières s'ouvraient : les esprits de l'Autre Monde pouvaient déambuler sur la terre et les humains visiter l'Autre Monde. La tradition de Samain s'est perpétuée dans les temps modernes sous la forme de Hallowe'en, de la Toussaint et de la fête des Morts.

Les animaux dans le culte et les mythes

Comme beaucoup de peuples non chrétiens, les Celtes révéraient les animaux pour leurs attributs spécifiques : la rapidité, la férocité, la fécondité, le courage ou la beauté. Le comportement de certaines bêtes sauvages donna naissance au symbolisme religieux : la proximité du serpent avec le sol laissait supposer des liens entre cette créature et l'Autre Monde ; la faculté de voler des oiseaux devint une allégorie de l'esprit humain libéré au moment de la mort. Un élément important du mythe sacré était l'absence de frontières rigides entre l'animal et l'homme. Autrement dit, dans l'iconographie, les divinités pouvaient revêtir un aspect semi-zoomorphique. Les mythes de la littérature abondent en animaux enchantés qui étaient autrefois des êtres humains et en divinités à forme humaine qui pouvaient se métamorphoser en animaux à volonté. Outre les témoignages des images et des mythes, l'importance des animaux dans le rituel celtique est clairement attestée par la complexité et la diversité des sacrifices d'animaux.

Les animaux sauvages et la chasse

Bien que les animaux sauvages ne fussent pas une source de nourriture importante, la chasse constituait un sport et une activité de prestige. La chasse divine occupe une place de choix dans les mythes vernaculaires, et l'iconographie du monde celtique païen atteste une quantité de cultes cynégétiques.

Les Celtes et les créatures qu'ils chassaient entretenaient des rapports particuliers et compliqués, dans lesquels entraient le respect de l'animal et l'idée que le larcin opéré par le chasseur dans le monde naturel exigeait un rituel propitiatoire approprié. Les dieux de la chasse protégeaient les animaux qui peuplaient les friches, tout en encourageant la chasse elle-même. Cette ambivalence apparaît parfois dans l'imagerie celtique, où l'on voit le dieu manifester de la compassion pour sa proie : la sculpture du dieu chasseur avec son cerf provenant du Donon, dans les Vosges, en est un bon exemple. Beaucoup de chasseurs divins sont accompagnés de chiens, comme ce devait être le cas dans la réalité.

Un important symbolisme de régénération s'attache à la notion de chasse divine. En répandant le sang de sa proie, le chasseur s'assure la nourriture et la vie. Dans la tradition mythologique galloise et irlandaise, la chasse est parfois le moyen par lequel la vie terrestre et l'Autre Monde entrent en contact. Dans les mythes irlandais, des êtres du monde surnaturel attirent les chasseurs humains, comme Finn, dans leur royaume en usant d'animaux enchantés. Dans le *Mabinogi*, c'est une chasse au cerf qui met en présence Pwyll et le roi de l'Autre Monde, Arawn.

Certaines divinités étaient associées au gibier. Artio, déesse vénérée près de Berne, en Suisse, protégeait les ours ; une statuette de bronze la montre avec son animal sauvage. Une figurine de bronze représente Arduinna, chasseresse divine de la forêt des Ardennes, chevauchant un sanglier en pleine course, un couteau de chasse à la main. Une sculpture préromaine provenant d'Euffigneix, dans l'est de la Gaule, montre un dieu portant l'image d'un sanglier agressif, poil hérissé, en travers du torse. Le caractère belliqueux suggéré par le poil hérissé de l'échine est particulièrement souligné sur des figurines représentant des sangliers, comme celle de Neuvy-en-Sullias, dans le Loiret. Les casques et les boucliers celtiques arboraient l'emblème guerrier du sanglier, et l'embouchure du *carnyx* (la trompette de guerre) reproduisait une hure de sanglier montrant les dents. Le conte gallois de *Kulhwch et Olwen* est centré sur Twrch Trwyth, un énorme sanglier qui opère des ravages, et des animaux similaires peuplent les mythes irlandais, où Orc Triath est le pendant de Twrch Trwyth.

Le cerf occupait une place importante dans le culte, sans doute en raison de sa rapidité, de sa force mâle et de son ample ramure qui faisaient de lui le seigneur de la forêt. L'art rupestre de la vallée de Camonica, dans le nord de l'Italie, datant de l'âge du fer, dépeint souvent des cerfs sacrés comme élément central d'un rituel de chasse. L'imagerie d'un petit chariot cultuel de bronze de Strettweg, en Autriche, montre une chasse au cerf divine, présidée par une déesse. Dans l'iconographie celtique plus tardive, le cerf est le compagnon non seulement de dieux chasseurs, mais du dieu Cernunnos, lui-même doté de bois. Les cerfs surnaturels peuplent les mythes vernaculaires. Dans le cycle de Finn, le héros est étroitement associé à l'imagerie du cerf : sa femme, Sava, est une biche métamorphosée, et le nom de son fils, Oisin, signifie « Petit Cerf ». Finn est l'un de ces chasseurs attirés par ruse dans l'Autre Monde par des cerfs enchantés.

Serpents et oiseaux

Le symbolisme complexe du serpent tient aux traits distinctifs de cet animal ; le fait qu'il se dépouille de sa peau en a fait un symbole de renaissance, d'où son association avec des divinités présidant à des cultes guérisseurs, comme Sirona. Dans la religion classique, le serpent était un symbole de bienfaits, mais aussi de mort. Il était lié à l'imagerie de la fécondité, peut-être en raison de sa forme phallique, du double pénis du mâle et de sa nombreuse progéniture. Son alliance avec la terre, ses mœurs carnivores et sa faculté de tuer lui conféraient un puissant symbolisme chthonien. Cette dimension est particulièrement mise en évidence dans l'iconographie des colonnes de Jupiter, où le monstre des ténèbres est représenté par un géant dont les membres inférieurs sont remplacés par des serpents. Une autre variante de cette iconographie montre des serpents à tête de bélier : ils apparaissent surtout dans la Gaule romano-celtique. On voit en général dans ce symbolisme une imagerie mixte de fécondité (le bélier étant le symbole de la fécondité dans le monde antique) et de régénération. Ces créatures hybrides accompagnent souvent les divinités bénéfiques, dispensatrices d'abondance ou de guérison : Cernunnos et l'équivalent celtique de Mercure ou de Mars dans sa fonction de protecteur contre les infortunes en sont des exemples.

Le serpent apparaît dans plusieurs mythes irlandais. Cet élément est d'autant plus intéressant qu'il n'y a pas de serpents en Irlande, ce qui indiquerait que ces mythes remontent à l'Antiquité lointaine. La furie de la guerre, la Morrigan, a un fils, Meiche, qui est tué par Diancecht, le médecin divin, parce qu'il couve trois serpents en son sein. D'après une prophétie, s'ils atteignaient leur taille adulte, les serpents auraient exterminé toute la faune de l'Irlande. Le champion d'Ulster, Conall Cernach, affronte le grand serpent gardien du trésor. Le clerc gallois Giraldus Cambrensis écrivit un récit où il était question d'un torque d'or gardé par un serpent dans un puits du Pembrokeshire. Le thème du serpent gardien de trésor court dans tout le légendaire européen ; on en trouve l'équivalent, par exemple, dans le Fafnir des mythes scandinaves.

Outre le symbolisme associé au vol d'une façon générale, les oiseaux se prêtent à d'autres interprétations plus spécifiques. Les « voix » si différentes des corbeaux et des colombes peuvent avoir été à l'origine des qualités oraculaires qu'on leur attribuait. Les oiseaux d'eau représentaient peut-être un lien symbolique entre le ciel et l'élément aquatique. L'oie, protectrice parce que capable de donner l'alerte, était rattachée à la guerre. Dans la tradition irlandaise et galloise, des oiseaux magiques, habituellement par groupe de trois, étaient associés à la guérison et à la renaissance dans l'Autre Monde. Les oiseaux au plumage chatoyant de la déesse irlandaise Clodna et ceux de la Rhiannon galloise endormaient les malades par la douceur de leur chant.

Les grues jouaient un rôle important dans la mythologie irlandaise : celles qui appartenaient à Midir étaient des oiseaux de mauvais augure. Les femmes acariâtres ou jalouses se voyaient changer en grues – peut-être parce qu'on assimilait le craquètement peu harmonieux de ce volatile aux glapissements d'une mégère. Le dieu de la mer irlandais, Manannan, possédait une besace faite de la peau d'une grue qui avait été, en d'autres temps, une femme jalouse. La curieuse iconographie du Tarvos Trigaranus (le Taureau aux trois grues), qui figure sur des autels de Paris et de Trèves datant du Ier siècle ap. J.-C., atteste aussi la place occupée par les grues ou les aigrettes dans la religion gauloise.

Oiseaux charognards au sombre plumage, les corneilles et les corbeaux étaient particulièrement associés à la mort. Les déesses de la guerre, comme la Morrigan et la Bodb, revêtaient à l'occasion la forme d'une corneille et apparaissaient sur le champ de bataille pour présager la déroute. Dans le mythe insulaire, les corbeaux annonçaient des maux. Corbeaux et corneilles occupaient une place particulière dans le répertoire symbolique de l'iconographie européenne païenne, mais attachés à des divinités bénéfiques, comme Nantosuelta, Epona et des dieux guérisseurs, peut-être comme prophètes de bonne fortune. Les corbeaux étaient présents dans des rituels de l'âge du fer britannique : à Danebury et Winklebury, dans le Hampshire, on enterrait des dépouilles de corbeaux dans des fosses, peut-être comme sacrifices aux puissances infernales.

Parmi les autres oiseaux peuplant la mythologie, il faut citer l'aigle et le cygne. L'iconographie associait l'aigle surtout au symbolisme du ciel. Dans les mythes gallois, il est lié à Llew Llaw Gyffes, peut-être un dieu de la lumière, comme nous l'avons vu. Les mythes irlandais abondent en récits de cygnes enchantés, qui revêtent tantôt la forme d'oiseaux, tantôt celle de jeunes filles : les histoires de Midir et Etain, d'Óengus et Caer et de Cúchulainn comportent toutes des descriptions de cygnes magiques arborant des chaînes d'or et d'argent, emblème, semble-t-il, de leur qualité surnaturelle. Dans l'un des mythes, les enfants de Llyr (un dieu de la mer) sont condamnés à revêtir cette forme pendant neuf cents ans en raison de la jalousie de leur marâtre. L'association particulière du cygne et des amants vient peut-être du fait que le cygne mâle garde la même femelle toute sa vie.

Epona et les chevaux

Les chevaux étaient des animaux de prestige, qui servaient de montures depuis au moins le VIIIe siècle av. J.-C. dans l'Europe « barbare ». Ils servaient depuis longtemps d'animaux de trait pour les chariots, mais les Celtes utilisaient des attelages de deux bêtes pour conduire des chars légers et rapides dans les batailles. Le monde celtique révérait le cheval pour sa beauté, sa rapidité, son courage et sa vigueur sexuelle, et cet animal devint l'emblème de l'aristocratie guerrière de la société celtique, les chevaliers. De nombreux cultes étaient associés au cheval : l'iconographie montrait des dieux guerriers, comme Mars Corotiacus à Martlesham, dans le Suffolk, chevauchant une monture ; et il est attesté aussi qu'on considérait le cheval comme un animal solaire. Les sacrifices de chevaux étaient rares mais significatifs car ils se traduisaient par une perte réelle pour leur propriétaire comme pour la communauté. On a découvert les dépouilles de deux chevaux équarris dans la grotte de Býčiskála, en Tchécoslovaquie, site rituel datant du VIe siècle av. J.-C. ; et la sépulture du roi Barrow de la fin de l'âge du fer, dans l'est du Yorkshire, contenait l'attelage en même temps que le chariot et son propriétaire.

La plus grande divinité celtique des chevaux était Epona, dont le nom même se rattache à *epos*, mot celtique désignant le cheval. Son importance lui valait d'être officiellement fêtée à Rome, le 18 décembre. Les adorateurs d'Epona venaient de toutes les couches de la société : dans les légions du Rhin et du Danube, les officiers de la cavalerie romaine vénéraient en elle la protectrice du cavalier et de sa monture. Ailleurs, en particulier en Bourgogne, on honorait Epona sous son aspect domestique, celui de la déesse de l'art d'élever les chevaux, dispensatrice d'abondance et de prospérité. Elle se singularise par son imagerie : on la dépeint toujours en compagnie d'équidés, montant en amazone une jument, ou entre deux chevaux ou poneys, ou plus. Le fait qu'elle chevauche une femelle souligne peut-être sa fonction de déesse de la fécondité : des images bourguignonnes montrent souvent un poulain endormi ou à la mamelle sous la jument d'Epona. La déesse des chevaux appartenait essentiellement au panthéon gaulois, bien qu'on trouve des inscriptions en son honneur jusqu'à Plovdiv, en Bulgarie. La Grande-Bretagne conserve peu de témoignages du culte d'Epona, mais une statuette en bronze provenant du Wiltshire montre la déesse avec deux poneys, un mâle et une femelle, qu'elle nourrit de blé.

La mythologie irlandaise et galloise possède elle aussi toute une symbolique du cheval : Macha, la déesse irlandaise des chevaux, bat l'attelage du roi d'Ulster à la course ; et la Rhiannon galloise présente d'étroites affinités avec le cheval et était peut-être elle-même une déesse des chevaux.

Le symbolisme des chiens

La mythologie classique et celtique associait aux chiens le triple symbolisme de la guérison, de la chasse et de la mort ; complexe mais indissociable, il découlait de l'observation des qualités autocuratives du chien lorsqu'il lèche ses plaies, de ses mœurs nécrophages et de son rôle à la chasse. Les chiens tenaient une place importante dans les mythes gallois et irlandais : Arawn, seigneur d'Annwn (l'Autre Monde gallois), possédait des limiers surnaturels, que le *Mabinogi* dit être blancs, avec les oreilles rouges. Le poème de Taliesin *Cwn Annwn (Les Chiens d'Annwn)* mentionne des chiens d'un roux tirant sur le gris, qui sont des présages de mort. Le héros d'Ulster Cúchulainn est étroitement lié aux chiens. Sous le nom de Chien de Culann, il prend la place du grand chien du forgeron qu'il a tué ; il a aussi un *geis*, un interdit, qui lui proscrit de consommer de la viande de chien. Mac Da Thó, qui préside les banquets de l'Autre Monde, possède un chien énorme et surnaturel, qu'il offre à la fois aux hommes d'Ulster et de Connaught, attisant ainsi leur haine mutuelle.

La Gaule et la Grande-Bretagne celtiques païennes conservent la trace de rituels et de sacrifices incluant des chiens. A Danebury, dans le Hampshire, les chiens (souvent associés à des chevaux) étaient abattus et inhumés dans des fosses qui servaient à engranger le blé à l'âge du fer ; au sanctuaire préromain de Gournay, dans l'Oise, on consommait des chiens lors de repas rituels. De nombreuses divinités vénérées dans l'Europe celtique païenne étaient accompagnées de chiens. Les dieux chasseurs sont représentés avec de grands chiens. On invoquait Apollon Cunomalgus (Seigneur du chien) au sanctuaire de Nettleton, dans le Wiltshire. Le grand sanctuaire romano-celtique de Lydney, dans le Gloucestershire, était dédié au dieu Nodens, à qui l'on offrait des images de chien. Deux temples de la côte des Pays-Bas, Colijnsplaat et Domburg, aujourd'hui submergés, étaient consacrés à la déesse de la mer Nehalennia. Plus d'une centaine de représentations de la déesse nous sont parvenues, qui la présentent presque toutes accompagnée d'un grand chien vigilant. Nehalennia protégeait les voyageurs qui traversaient la mer du Nord et leur assurait le succès en affaires. Les corbeilles de fruits qu'elle porte laissent entendre qu'elle était une déesse de l'abondance. Le chien peut symboliser la protection et la fidélité.

Tarvos Trigaranus et la mythologie du taureau

On vénérait les taureaux pour leur force, leur vigueur sexuelle et leurs mugissements féroces. Les bœufs symbolisaient la puissance des animaux de trait dans les travaux de la terre, donc la richesse agricole. Les sacrifices de ces animaux n'étaient pas inhabituels : à Gournay, on abattait de vieux bœufs, et leur dépouille faisait l'objet de rites compliqués. Dans son *Histoire naturelle*, Pline mentionne un sacrifice druidique de taureau.

Les taureaux sacrés sont souvent représentés dans l'art cultuel : des figurines du VIe siècle av. J.-C. ont été mises au jour à Hallstatt, en Autriche, et à Býčiskála. Les représentations de taureaux celtiques montrent souvent l'animal doté de trois cornes, élevant ainsi le symbolisme de la corne (emblème d'agression et de fécondité) à la puissance sacrée de la trinité. Des taureaux à trois cornes en pierre étaient dédiés au sanctuaire bourguignon de Beire-le-Châtel ; et l'on en trouve des exemples en bronze en Gaule et en Grande-Bretagne. Un petit ex-voto du IVe siècle ap. J.-C. découvert dans un sanctuaire de Maiden Castle, dans le Dorset, portait autrefois trois figures féminines au revers. Dans le légendaire irlandais ancien, les femmes étaient parfois changées en grues, et la figurine de Maiden Castle fait songer à une curieuse iconographie européenne datant du Ier siècle ap. J.-C. : une sculpture ornant un autel de Paris montre un taureau avec deux grues perchées sur le dos et une sur la tête ; l'inscription précise : « Tarvos Trigaranus » (le Taureau aux trois grues). Une imagerie presque identique orne un autel de Trèves. Les deux autels associent le taureau et les oiseaux aux saules et à un bûcheron divin. L'interprétation reste obscure, mais certains spécialistes y voient un symbolisme saisonnier lié à l'arbre de vie, au printemps et à la fertilité. Cette imagerie peut fort bien représenter un mythe celtique précis, dont les détails ne nous sont pas parvenus.

La mythologie du taureau s'affirme dans la littérature irlandaise ancienne. Dans le rite divinatoire du *tarbfess* qu'exécutaient les druides, on tuait un taureau ; un homme consommait la viande ainsi que le bouillon l'accompagnant, puis se couchait et voyait en songe celui qui devait devenir roi. Le principal mythe irlandais relatif au taureau est la *Táin Bó Cúalngé*, du cycle d'Ulster.

Zoomorphisme et métamorphoses

L'étroite affinité entre les Celtes et les animaux s'exprime plus particulièrement sous deux aspects : la représentation des dieux sous une forme semi zoomorphique et les métamorphoses qui peuplent la tradition mythologique galloise et irlandaise.

Une sculpture du Ier siècle ap. J.-C. découverte à Paris (appartenant au même monument que l'autel de Tarvos Trigaranus) représente le buste d'un vieillard dont la tête s'orne d'une ramure de cerf portant un torque à chaque bois et d'oreilles de cerf. L'inscription le désigne comme Cernunnos (le Cornu). Il existe des images similaires dans des contextes préromains et romano-celtiques. La représentation la plus ancienne apparaît sur une sculpture rupestre du IVe siècle av. J.-C. de la vallée de Camonica, dans le nord de l'Italie. Le dieu à la ramure figure sur le chaudron de Gundestrup, jambes croisées, là encore avec deux torques et un serpent à tête de bélier. La plupart des images de Cernunnos ont été découvertes dans le nord-est de la Gaule et datent de la période romaine. On le représente souvent comme sur le chaudron de Gundestrup, les jambes croisées, avec des torques et un serpent cornu. A Sommerécourt et Étang-sur-Arroux, deux sites gaulois, les serpents se nourrissent du brouet d'écuelles posées sur les genoux du dieu. Un rare spécimen britannique, à Cirencester, montre un Cernunnos aux jambes formées par deux serpents qui se redressent pour manger du blé ou des fruits près de sa tête. Certaines représentations gauloises comportent des trous en haut de la tête de la divinité pour accueillir des bois amovibles, suggérant l'existence d'un rituel saisonnier. D'une manière générale, le symbolisme attaché à Cernunnos est celui d'un dieu farouche de la nature, de la fécondité et de l'abondance. Le dieu est si proche du monde animal qu'il en revêt certains traits, affirmant ainsi sa puissance de seigneur de la nature.

Très proches de Cernunnos, les dieux cornus adoptent les traits de taureaux, de béliers ou de boucs. Ils sont particulièrement répandus chez les Brigantes du nord des Iles britanniques, où ils se présentent souvent sous la forme de dieux guerriers ithyphalliques, alliant vigueur sexuelle et ardeur belliqueuse.

Un motif fort parcourt avec persistance les premiers mythes celtiques écrits : la présence d'animaux enchantés, magiques, qui seraient d'origine surnaturelle, peut-être des dieux ou des humains ayant été changés en animaux par vengeance ou en guise de châtiment. Nous en avons déjà croisé, par exemple Twrch Trwyth, un roi humain métamorphosé en sanglier en raison de sa méchanceté, d'autres êtres qui se transforment en cygne, et des déesses-corneilles irlandaises. Dans le *Mabinogi*, Math, seigneur de Gwynedd, change Gwydyon et Gilwaethwy en une succession d'animaux. La mythologie irlandaise abonde en taureaux, sangliers, cerfs et oiseaux enchantés. Toutes ces créatures métamorphosées présentent néanmoins un trait constant : seule leur apparence est modifiée ; elles conservent la faculté de penser comme des humains et, souvent, de parler. La métamorphose les prive simplement de leur apparence, d'une façon qui rappelle beaucoup les mythes scandinaves.

A côté de ces dieux ou mortels aux transformations zoomorphiques, les mythes celtiques de l'Ouest font référence à des animaux insolites, dotés de pouvoirs surnaturels. C'est ainsi que le Kulhwch gallois rencontre des créatures magiques qui l'aident dans sa quête. L'une d'elles est le saumon de Llyn Llaw, qui ressemble énormément au « saumon de la connaissance » irlandais évoqué dans le cycle de Finn, dont la chair confère la sagesse au jeune héros. Ce saumon a acquis son savoir en se nourrissant des fruits de neuf noisetiers croissant près d'un puits au fond de la mer, autrement dit qui appartenaient à l'Autre Monde.

Druides, sacrifices et rituels

Dans ce livre consacré aux mythes, nous explorons avant tout les récits et les croyances ayant trait au monde surnaturel. Mais il convient aussi d'examiner la « mécanique » de la religion celtique sur laquelle s'articulent les mythes et les systèmes de croyances eux-mêmes. Ce chapitre s'intéressera donc à certains aspects du comportement rituel, à la manière d'agir de ceux qui cherchaient à communiquer avec cet Autre Monde situé au-delà de la perception humaine.

Druides, devins, bardes : un clergé interceltique ?

> Les druides s'occupent des choses de la religion, ils président aux sacrifices publics et privés et règlent les pratiques religieuses ; les jeunes gens viennent en foule s'instruire auprès d'eux, et on les honore grandement.
>
> *Jules César,* La Guerre des Gaules.

Plusieurs auteurs classiques parlent des druides : Strabon, Tacite, Lucain et Ausone, pour ne mentionner qu'eux. C'est à César que nous devons les informations les plus complètes. Les druides, écrit-il, jouissaient d'un haut rang et occupaient dans la société une position presque égale à celle des chevaliers. Il évoque la rigueur de leur formation, qui pouvait durer vingt ans et incluait la mémorisation des traditions orales transmises au fil des générations. Tous les ans, à date fixe, les druides tenaient leurs assises en un lieu consacré dans le pays des Carnutes *, centre officiel de la Gaule. César nous précise que le druidisme venait de Grande-Bretagne, d'où il avait essaimé en Gaule. Les sources gréco-romaines stipulent presque toutes que les druides avaient pour fonction principale de maîtriser les forces surnaturelles au moyen de la divination. Ils le faisaient

* La future province de l'Orléanais. *[N.d. T.]*

notamment par des sacrifices humains – strangulation, immolation ou autres – et prédisaient l'avenir en examinant les convulsions de la victime à l'instant de sa mort ou ses entrailles.

Tacite note que l'on procéda à des sacrifices humains divinatoires sur l'île d'Anglesey devant la menace d'une invasion romaine. La prédiction par la magie permettait de déterminer le moment le plus favorable pour prendre les grandes décisions qui rythmaient la vie de la communauté : guerroyer, semer ou moissonner, élire un nouveau roi, etc. Le calendrier gaulois de Coligny, du Ier siècle av. J.-C., est l'un des témoignages les plus anciens qui nous soient parvenus d'une langue celtique écrite (utilisant l'alphabet romain). Il consiste en une grande plaque de bronze sur laquelle est gravé un calendrier de mois lunaires et intercalaires divisés chacun en deux, chaque moitié portant les abréviations MAT (faste) et ANM (néfaste). Il s'agit peut-être d'un calendrier établi par les druides pour calculer le moment propice à des activités religieuses et séculières importantes. Pline rapporte un sacrifice druidique lié à la guérison de la stérilité : le sixième jour de la lune, les druides montaient sur un chêne sacré et coupaient un rameau de gui avec une faucille d'« or » (sans doute du bronze doré), qu'ils recueillaient dans un linge immaculé. On sacrifiait ensuite deux taureaux blancs. Consommé en potion, le gui était censé guérir la stérilité.

Les druides exercèrent probablement une grande influence sur la religion et la politique pendant la période celtique préromaine – peut-être dans tout le monde celtique, bien que les preuves dont nous disposons concernent uniquement la Gaule et la Grande-Bretagne –, mais le druidisme vit sa force et son influence s'émousser sous la domination romaine. Certains des premiers empereurs toléraient les druides, d'autres essayèrent de les supprimer. Le poète Ausone mentionne la présence de druides en Gaule au IVe siècle ap. J.-C. Toutefois, lorsque le tissu de la société héroïque celtique se désagrégea, l'influence des druides subit le même sort. Il n'existe pas de données archéologiques relatives aux druides eux-mêmes, mais des ornements liturgiques – des coiffes et des sceptres – subsistent. Les fouilles du sanctuaire celtique de Gournay, dans le nord de la Gaule, indiquent qu'un personnel permanent de fonctionnaires religieux assurait les activités rituelles mises en évidence sur le site. Mais rien ne prouve que ces responsables aient été des druides.

Il est amplement question des druides dans la mythologie irlandaise, bien qu'ils aient sans doute perdu la plus grande partie de leur pouvoir sous le christianisme. Dans le *Livre des conquêtes*, un des chefs des envahisseurs, Partholon, arrive avec trois druides. La déesse Brigite naquit dans la maisonnée d'un druide et Finn fut élevé par une druidesse. Le roi d'Ulster Conchobar avait un druide, Cathbad, qui jouissait d'une grande influence. Les druides participaient au rituel de royauté du *tarbfess*. Ces druides irlandais exerçaient un rôle divinatoire important : la prédiction de Cathbad sur les conséquences désastreuses pour l'Ulster de la présence de Deirdre en est un exemple. Le glossateur du IXe siècle Cormac évoque un rituel de divination, l'*imbas forosnai*, qui comportait l'ingestion de viande crue de porc, de chien ou de chat. Les druides irlandais étaient probablement associés à la formulation des *gessa*, les interdits ou liens qui bridaient de hauts personnages, que ceux-ci devaient observer sous peine de perdre la vie.

Les sources classiques et irlandaises mentionnent l'existence de trois classes religieuses et lettrées : les druides, les bardes et les devins. Strabon nous dit que les bardes étaient principalement associés à la poésie ; appréciés pour leurs talents de poètes, les bardes irlandais participaient aux cérémonies liées aux festins de l'Autre Monde ; le barde Finnegas permit à Finn d'acquérir le savoir du « saumon de la connaissance ». Les devins* (*vates* en latin, *filid* en irlandais) occupaient une place importante en Irlande, où ils exerçaient une fonction, en partie du moins, religieuse. C'étaient eux qui gardaient et transmettaient la tradition orale sacrée. Ils étaient prophètes et étroitement liés à la divination, et avaient le pouvoir d'infliger le déshonneur ou la mort au moyen de la satire. Les *filid* conservèrent le rôle de devins, d'enseignants et de conseillers longtemps après que l'Irlande fut devenue chrétienne, reprenant de nombreuses fonctions assumées par les

* Ou voyants, prophètes. *[N.d.T.]*

druides. Ils se perpétuèrent, de fait, jusqu'au XVIIe siècle. Experte en divination et prophétie, versée dans la connaissance et la poésie, Brigite était leur déesse tutélaire.

L'espace sacré : bois, sanctuaires et fosses

> Les soldats munis de haches arrivèrent à un bois ancien et sacré. Ses branches entrelacées enfermaient un espace central frais que les rayons du soleil n'atteignaient jamais, mais où de l'eau jaillissait en abondance de sources obscures... sur les autels des dieux barbares qu'on adorait là s'amoncelaient des offrandes hideuses, et tous les arbres étaient aspergés de sang humain... Personne n'osait pénétrer dans ce bois à l'exception du prêtre ; et même lui s'en tenait à l'écart à midi, et entre l'aube et le crépuscule – de peur que les dieux puissent être au loin à ces heures-là.
>
> *Lucain,* La Pharsale.

C'est ainsi que Lucain décrit un bois sacré celtique près de Marseille, que l'armée de César abattit au Ier siècle av. J.-C. L'idée que se faisaient les Celtes de l'omniprésence d'esprits dans la nature donna naissance au culte de ces êtres dans des espaces ouverts. Les bois devaient une part de leur importance à la sacralisation de chaque arbre, peut-être aussi à leur obscurité, leur mystère, leur secret. Si l'existence de forêts ou de bois sacrés n'est pas confirmée par l'archéologie, la littérature classique, en revanche, mentionne souvent de tels lieux : Tacite fait allusion à un bois druidique sur l'île d'Anglesey, Strabon parle de Drunemeton, un bois sacré des Galates celtiques d'Asie mineure, et on pourrait citer bien d'autres exemples.

Une simple barrière symbolique clôturant l'endroit où résidait l'esprit suffisait parfois à couper du monde profane certains espaces sacrés. Une portion du sol était déclarée sacrée et devenait un lieu de communication avec le monde surnaturel. Le Goloring, en Allemagne, était un gigantesque enclos construit au IVe siècle av. J.-C. ; au centre se dressait un énorme mât en bois de douze mètres de haut, qui symbolisait peut-être un arbre sacré. Libeniče, en Tchécoslovaquie, un grand enclos subrectangulaire datant du VIe siècle av. J.-C., comportait, à une extrémité, une cavité creusée dans le sol, dépourvue de toit. A l'intérieur de ce sanctuaire se trouvaient les vestiges de deux madriers associés à deux torques de bronze, peut-être des statues en bois grossières de divinités arborant des symboles de prestige celtiques. Les fouilles ont dégagé des restes sacrificiels d'animaux et le corps d'une femme, peut-être la prêtresse du sanctuaire. Les fosses successives qui furent creusées dans cette construction en profondeur sur une période de vingt-quatre ans attestent une activité liée à une forme de cérémonie cultuelle.

Les *Viereckschanzen* constituent un autre groupe de lieux sacrés à ciel ouvert, dont on retrouve la trace surtout dans le centre de l'Europe. Elles consistent en des enclos carrés qui peuvent renfermer un ou plusieurs puits rituels. On a découvert dans le puits d'une *Viereckschanze* à Fellbach Schmiden, près de Stuttgart, des sculptures d'animaux en chêne, que la dendrochronologie permet de dater de la fin du IIe siècle av. J.-C. L'activité rituelle associée aux fosses avait peut-être pour objet d'établir un contact avec les dieux des Enfers. Ces fosses forment indiscutablement une catégorie bien définie d'espaces sacrés : le *hillfort* de Danebury, construit sur une colline du Hampshire, a livré des preuves abondantes d'une activité rituelle liée aux silos. Les restes animaux et humains (ainsi que d'autres offrandes) qu'on a exhumés de ces fosses servaient probablement à communiquer avec les puissances surnaturelles dont on requérait la bienveillance.

Les Celtes de l'âge du fer construisaient des sanctuaires, mais il ne semble pas avoir existé d'édifices religieux à l'architecture rigoureusement définie comme dans le monde classique. Aussi est-il souvent difficile de distinguer un temple d'une maison, et seules les traces d'une activité rituelle permettent d'identifier un sanctuaire. Il arrive que l'on puisse déduire l'identité d'un sanctuaire celtique de la présence du temple romain qui s'y est superposé. Gournay, dans l'Oise, était le site d'un *oppidum* des Bellovaques, qui abritait un sanctuaire préromain important auquel était associé un rituel complexe. Au IIIe siècle av. J.-C., le sanctuaire s'organisait autour d'une grande fosse centrale dans laquelle on laissait se décomposer les dépouilles de vieux bœufs sacrifiés, avant de disposer avec soin les ossements dans le fossé entourant l'enceinte. On sacrifiait des cochons de lait et des agneaux que l'on consommait ensuite au cours de festins religieux ; et deux mille armes, rituellement brisées, y furent offertes aux dieux. Le sanctuaire datant de la fin de l'âge du fer (Ier siècle av. J.-C.) de Hayling Island, dans le Hampshire, consistait en un édifice en bois circulaire entouré d'une cour, où les fouilles ont mis au jour des éléments de rituel, parmi lesquels des armes « tuées » et les ossements d'animaux sacrifiés ; il semblerait toutefois que le bétail en ait été délibérément exclu, peut-être en raison d'un interdit local. Le sanctuaire à porche rectangulaire du *hillfort* de South Cadbury, dans le Somerset, est identifiable à l'allée de sépultures de jeunes animaux qui y conduit. En Irlande, la grande construction circulaire de Navan, dans le comté d'Armagh, est de toute évidence un monument rituel. Elle comporte un énorme poteau central, daté par dendrochronologie de 95-94 av. J.-C. Peu après sa construction, l'édifice fut volontairement incendié et recouvert d'un grand cairn de pierre.

Sacrifices et offrandes votives

Un sacrifice est le don de quelque chose qui présente une valeur quelconque pour le donateur. Les Celtes offraient aux dieux des cadeaux précieux ; ce pouvaient être des objets inanimés (des outils ou des armes, par exemple), des animaux ou – occasionnellement – des êtres humains. Plus l'offrande avait de prix, plus l'acte propitiatoire était puissant ; on s'attendrait donc à ce que les sacrifices humains soient uniquement faits en période de grand besoin ou pour exprimer une immense gratitude aux forces surnaturelles.

Bien que les sources classiques reviennent avec insistance sur les sacrifices humains, peu de données archéologiques attestent la pratique de meurtres rituels. Lucain et Tacite nous parlent des restes humains qui s'amoncelaient sur les autels des bois sacrés, de malfaiteurs qu'on emprisonnait pendant cinq ans avant de les empaler, de victimes poignardées, pendues, criblées de flèches ou brûlées dans d'énormes mannequins en osier. Si l'on examine les preuves matérielles, il faut veiller à ne pas confondre les sacrifices humains authentiques et le traitement rituel des corps après leur mort naturelle. Il existe peu de preuves irréfutables de sacrifices humains dans les archives archéologiques de l'Europe celtique. Dans quelques cas pourtant, il semble établi qu'il y ait eu mise à mort. On en a un exemple avec l'homme de Lindow, un homme jeune ayant vécu à l'âge du fer (environ 300 av. J.-C.), qui fut violemment frappé à la tête, garrotté, puis égorgé, avant d'être jeté, le visage en avant, dans une mare peu profonde de Lindow Moss, dans le Cheshire. L'homme était nu, hormis un brassard en peau de renard, et il avait le corps peint. Juste avant de mourir, il aurait consommé un repas rituel, consistant en du pain complet fait de plusieurs espèces de céréales et de graines. Les sources vernaculaires font rarement état de sacrifices humains, mais une tradition irlandaise évoquait la triple mise à mort rituelle d'un roi à la fête de Samain : par le feu, les blessures et la noyade.

S'il semble acquis que les sacrifices d'animaux sévissaient de manière endémique dans toute l'Antiquité, il est important de comprendre les différentes formes que revêtait cette activité. Les animaux étaient souvent débités, et leur chair partagée entre la communauté et les dieux : on consommait certaines parties (habituellement les meilleurs morceaux) et l'on enterrait ou brûlait le reste en guise d'offrande. L'autre grande catégorie de sacrifices, ceux d'un animal entier qu'on enterrait ou brûlait (holocauste), représentaient une perte économique considérable pour ceux qui les pratiquaient, car ils supprimaient un élément précieux du cycle de production – mouton, porc ou bœuf. On procédait à deux types de sacrifices à Gournay : on tuait des bœufs et des chevaux qu'on laissait en offrande, on consommait les cochons de lait et les agneaux. A Danebury, dans le Hampshire, les animaux étaient parfois tués et enterrés ensemble dans d'anciens silos à grain. On a mis au jour dans les cimetières celtiques des traces de festins rituels, où l'on consommait les animaux et les offrandes carnées censés accompagner les morts dans l'Autre Monde. Il est à noter, à propos des sacrifices d'animaux chez les Celtes, que les bêtes sacrifiées appartenaient, dans leur grande majorité, à des espèces domestiques.

Offrandes votives

Deux caractéristiques des offrandes votives d'objets inanimés retiennent l'attention : leur dépôt dans l'eau et leur destruction rituelle. Ces pratiques avaient cours en Europe bien avant la période celtique. L'une comme l'autre semblent avoir été liées à l'idée que l'on se séparait d'offrandes votives appartenant à ce monde en les « tuant » rituellement, en soustrayant ces dons aux convoitises ou en les privant de leur utilité pour l'humanité afin de les rendre accessibles aux puissances surnaturelles. A Flag Fen, dans le Cambridgeshire, on déposait des objets de métal, dont beaucoup délibérément brisés, à la lisière d'un marécage, entre 1200 et 200 av. J.-C. On jetait des armes tordues dans le lac sacré de Llyn Cerrig Bach, sur l'île d'Anglesey, au Ier siècle ap. J.-C. Le sanctuaire gaulois de Gournay a livré des centaines d'armes détruites. La déesse de la médecine Sulis reçut en offrande des milliers de pièces de monnaie romaines, jetées dans le grand réservoir de Bath ; beaucoup de ces pièces avaient été cisaillées pour empêcher toute réutilisation. Certaines armes miniatures offertes dans les sanctuaires celtiques étaient brisées ou tordues : on a découvert à Harlow un groupe de quatre petits poignards en fer, dont deux avaient été cassés avant d'être donnés en offrande.

Les rites liés à la tête humaine

L'archéologie, les sources classiques et la littérature vernaculaire attestent que certains Celtes avaient une tradition cultuelle de « chasseurs de têtes ». Tite-Live, Strabon et Diodorus font tous état de la décapitation de vaincus, dont les têtes étaient conservées comme trophées ou offertes dans des sanctuaires. Dans la région celto-ligurienne du sud de la Gaule, autour de Marseille, un groupe particulier de sanctuaires préromains et d'*oppida* témoignent de la pratique rituelle des chasseurs de têtes. Le plus important est le sanctuaire de La Roquepertuse, édifié au sommet d'un escarpement (VIe siècle av. J.-C.), dont le portique s'ornait de niches contenant les crânes, fixés dans la pierre, de jeunes gens morts au combat. En Grande-Bretagne, des têtes fichées sur des mâts, protection symbolique des places-fortes, gardaient l'entrée de *hillforts*, comme celui de Bredon Hill, dans le Worcestershire. En Grande-Bretagne, à la période romano-celtique tardive, surtout pendant les IIe et IIIe siècles ap. J.-C., on décapitait certains morts avant de les inhumer. Des rites particulièrement curieux se déroulaient aux alentours de Kimmeridge, dans le Dorset, où l'on a découvert les corps de deux femmes âgées qui avaient été décapitées ; la mâchoire inférieure avait été retirée des têtes.

On serait tenté de voir en ces dames des sorcières qu'on voulait empêcher ainsi de parler et de jeter des sorts d'outre-tombe. La place faite à la tête dans l'iconographie romano-celtique prouve l'importance que le rituel celtique lui accordait.

Les têtes jouent un rôle éminent dans les mythes gallois et irlandais. On nous dit que le héros d'Ulster Cúchulainn rassembla les têtes de ses ennemis et les plaça sur des pierres. Deux légendes prouvent que les Celtes de l'Ouest attribuaient des propriétés magiques aux têtes coupées, en particulier celles des héros. D'après une prophétie, les hommes d'Ulster, frappés de faiblesse par la malédiction de Macha, retrouveraient leurs forces s'ils buvaient du lait dans l'énorme tête coupée de Conall Cernach. Dans ce récit, la tête acquiert les propriétés d'un chaudron de régénération. Les lecteurs se rappelleront l'histoire similaire de Bendigeit Vran, dans le *Mabinogi*, dont la tête coupée converse avec ses compagnons, les encourage et les conduit à bon port pendant leur long voyage de Harlech à Londres.

Mort, renaissance et Autre Monde

L'archéologie et la littérature montrent que les Celtes se faisaient une idée profondément intériorisée et positive de la mort. D'après les commentaires de César, les Gaulois croyaient en un ancêtre divin qu'il identifiait à Dispater, le dieu romain des morts.

La transmigration des âmes

> Le point essentiel de l'enseignement [des druides], c'est que les âmes ne périssent pas, mais qu'après la mort elles passent d'un corps dans l'autre.
>
> *Jules César,* La Guerre des Gaules.

César ajoute d'une plume agacée que les druides encourageaient cette croyance, afin que les guerriers gaulois ne craignent pas la mort. Le poète romain

Lucain, qui écrivait au Iᵉʳ siècle ap. J.-C., observe que les Celtes considéraient la mort comme une simple interruption dans une longue existence, un épisode entre une vie et une autre. Diodore de Sicile note que les Celtes croyaient à l'immortalité de l'âme et qu'après un certain nombre d'années les gens recommençaient une autre vie, leur âme habitant un nouveau corps. L'attitude des Celtes à l'égard de la mort, notamment leur idée de renaissance, semble donc avoir retenu l'attention des observateurs contemporains, qui appartenaient au monde méditerranéen. La croyance que l'âme habite une succession de corps rejoint l'image de l'Autre Monde donnée par Virgile dans *L'Énéide*.

L'Autre Monde

Les traditions mythologiques de la littérature vernaculaire font de l'Autre Monde celtique, dans lequel les humains entraient après la mort, un lieu ambigu. On nous parle beaucoup d'un Autre Monde paradisiaque où les morts revivent, très semblable à la terre mais meilleur. Un monde qui ignore la souffrance, la maladie, la vieillesse et le déclin; un monde empli de musique et de beauté et où l'on festoie, bien que les héros continuent à s'affronter. A l'inverse, l'Autre Monde peut être aussi présenté comme un lieu sinistre et redoutable, surtout pour les humains qui le visitent avant leur mort. Comme nous l'avons vu, l'Autre Monde gallois, appelé Annwn, était décrit comme une cour enivrant les sens. Pwyll, seigneur de Dyfed, séjourne pendant un an à Annwn :

> De toutes les cours qu'il avait vues sur terre, celle-ci était la plus richement fournie en victuailles et en boissons, en vaisselle d'or et en joyaux précieux.

D'autres documents donnent un supplément d'information sur Annwn. Il est question dans les *Dépouilles d'Annwn* d'un chaudron magique, le récipient de régénération typique de l'Autre Monde. C'est un grand chaudron constellé de diamants que chauffe le souffle de neuf vierges – allusion, peut-être, à la fécondité encore intacte, comme celle de la vierge porte-pieds de Math. Le chaudron d'Annwn refuse de préparer de la nourriture pour un lâche. La description des Cwn Annwn (les chiens d'Annwn) traduit l'ambivalence d'Annwn. Dans le *Mabinogi*, ils sont blancs et ont des oreilles rouges – couleurs, on l'a dit, associées à l'Autre Monde. Une autre source parle des Cwn Annwn comme des chiens des Enfers, petits, tachetés, d'un roux tirant sur le gris, enchaînés et conduits par une silhouette noire et cornue. Ce sont des présages funestes, venus d'Annwn en quête d'âmes humaines. Le caractère inexorable et sinistre qui s'attache à ces messagers de mort dément l'image heureuse et insouciante de la vie après la mort.

L'Autre Monde irlandais ressemble à beaucoup d'égards à Annwn. Dans la tradition irlandaise, la localisation du monde surnaturel variait : on pouvait le situer sur des îles de l'océan à l'ouest, sous la mer ou dans les profondeurs de la terre. Les tertres, ou *sídhe*, étaient les demeures des Túatha Dé Dánann dépossédés, attribuées aux dieux par le Dagda : chaque dieu possédait son propre *síd*, son Autre Monde, qu'il gouvernait. L'Autre Monde irlandais est aussi perçu comme une auberge, ou *bruidhen*, rencontrée parfois au détour du chemin. On accédait à l'Autre Monde par divers moyens : par bateau en traversant la mer, comme dans le *Voyage de Bran*, ou par un lac ou une grotte. Le lac de Cruachan était l'une des entrées de l'Autre Monde.

Dans le mythe irlandais, l'Autre Monde apparaît comme un lieu paradisiaque, hors du temps, sans âge, source de toute sagesse, paix, beauté, harmonie et immortalité. Connu sous le nom de Tír na n'Og (pays des Jeunes Gens), c'est un monde plein de magie, d'enchantements et de musique. On le perçoit comme une image en miroir idéalisée du monde humain. Le *síd* ou l'auberge se caractérise par ses festins centrés autour de l'inépuisable chaudron, toujours rempli de viandes. Une des images puissantes du mythe est celle du porc toujours renouvelé, abattu chaque jour par le dieu tutélaire et renaissant éternellement pour être à nouveau tué le lendemain. Le seigneur divin du festin est souvent représenté sous la forme d'un homme portant un porc en travers de l'épaule.

L'Autre Monde ignore le temps terrestre. Les humains qui le visitent resteront jeunes tant qu'ils y séjourneront ; mais, s'ils doivent retourner sur terre, leur âge les rattrapera. Des récits terrifiants décrivent le sort de ceux qui reviennent du monde surnaturel : le fils de Finn, Oisin, vieillit instantanément de trois siècles, et le même phénomène est consigné dans le *Voyage de Bran,* au VIIe siècle. Bran et ses hommes parviennent à une île appelée le pays des Femmes *, avatar de l'Autre Monde paradisiaque, où ils s'attardent un temps, mais quelques-uns d'entre eux aspirent à revoir leur terre natale. Comme dans le cas d'Oisin, on leur enjoint de ne pas poser le pied sur le rivage ; toutefois, alors que leur bateau s'approche de la côte irlandaise, un homme saute dans la mer et se précipite vers la plage, où il est aussitôt réduit en cendres.

L'Autre Monde celtique a ceci de particulier que les êtres surnaturels doivent parfois recourir aux mortels pour effectuer des activités qu'ils ne peuvent accomplir eux-mêmes. C'est ainsi qu'Arawn demande à Pwyll de combattre Hafgan ; Cúchulainn livre bataille pour des êtres de l'Autre Monde ; Finn est attiré dans l'Autre Monde par des cerfs, des sangliers, des jeunes gens ou des femmes enchantés.

L'aspect sombre de l'Autre Monde est également représenté dans le mythe. La fête de Samain, au début de novembre, représente une période dangereuse, des

* Tir na mBán. *[N.d. T.]*

sortes de limbes où les barrières entre le monde réel et le monde surnaturel disparaissent provisoirement et où les humains et les esprits peuvent investir réciproquement les espaces, perturbant, ce faisant, l'équilibre normal. Royaume des morts, l'Autre Monde peut être ténébreux et terrifiant. Le dieu de la mort irlandais, Donn, est un être inquiétant ; Arawn possède lui aussi une composante sombre, et Annwn se révèle parfois dangereux. Ainsi, dans les *Dépouilles d'Annwn*, Arthur garde de justesse la vie sauve après sa quête du chaudron magique. Il semble que les humains qui séjournent dans l'Autre Monde de leur vivant soient en danger. Cúchulainn voit toutes sortes de monstres redoutables et de spectacles horribles. Le récit de l'auberge de Da Derga décrit la *bruidhen* d'un dieu dans laquelle attend la malédiction du roi d'Irlande, Conaire. En s'y rendant, Conaire croise les sinistres hérauts de la mort, trois cavaliers vêtus de rouge sur des chevaux roux, couleur qui indique leur origine surnaturelle. Il rencontre aussi la déesse de destruction irlandaise, la Bodb, qui lui apparaît sous la forme de la triade : trois sorcières noires hideuses, nues et ensanglantées, une corde autour du cou. Il y a là un intense symbolisme de mort, peut-être même de sacrifice humain. Derga est le dieu des morts, mais le mot désigne aussi la couleur rouge, reflet du sang et de la mort. La Bodb est une déesse noire, semblable à une corneille, et le noir est la couleur de la mort.

La mort

Les découvertes archéologiques indiquent que les Celtes de l'âge du fer professaient certaines croyances au sujet de la mort, et l'on a la trace de rituels qui tentaient d'établir un contact avec les puissances infernales. Le contenu des sépultures indique parfois ce qu'on attendait de la vie après la mort. Les biens qui accompagnaient le corps dans la tombe signifient peut-être qu'on les croyait nécessaires au défunt, à moins qu'ils n'évoquent des rites de passage, une prise de congé symbolique. Dans la France et l'Allemagne du début de l'âge du fer (VIIe-VIe siècle av. J.-C.), on enterrait les personnes de haut rang sous de grands tumulus, avec des chariots et un riche mobilier funéraire destiné au festin : à Hochdorf, en Allemagne, au VIe siècle av. J.-C., un prince était couché sur un lit de bronze, accompagné de son char, d'un récipient pouvant contenir quatre cents litres d'hydromel et de plusieurs cornes-hanaps. A la fin de l'âge du fer, en Gaule et dans certaines parties de la Grande-Bretagne, les dignitaires étaient enterrés avec des chars à deux roues, des armes et tout l'appareil du festin, y compris deux grands jambons. La présence de viande et de boisson dans de nombreuses sépultures atteste cette croyance en des festins dans la tombe ou dans un Autre Monde.

Dans le sud-est des Iles britanniques et sur le continent, certaines tombes de l'âge du fer tardif, datant de la fin du Ier siècle av. J.-C. ou du début du Ier siècle ap. J.-C., montrent l'importance de ces rituels : amphores, coupes, chenets pour l'âtre et viandes, rien ne manque. On serait tenté de rattacher ces objets et ingrédients à la notion de festins dans l'Autre Monde, si chère à l'idée que se faisaient les Celtes de la vie après la mort telle que la présentaient les mythes.

Alors que des objets funéraires prouvent l'existence de rites d'inhumation à l'âge du fer, il apparaît que beaucoup de gens n'étaient pas enterrés immédiatement après leur mort, et les tombes sont relativement rares en Grande-Bretagne. On pratiquait probablement des rituels d'excarnation, le corps du défunt restant exposé jusqu'à ce qu'il fût décomposé et que l'on estimât que l'esprit avait quitté la dépouille charnelle. Une fois l'âme envolée, on pouvait se défaire des ossements sans autre cérémonie.

La communication avec les forces infernales, qu'on pensait résider sous la terre, se faisait de diverses manières. A Danebury, un rituel particulier était attaché aux silos à blé désaffectés. On déposait des corps, des fragments humains, des animaux ou d'autres offrandes au fond de ces fosses, qui étaient ensuite comblées. Certains y ont vu des offrandes propitiatoires aux dieux des Enfers dont on avait violé le territoire en creusant ces fosses et qu'il fallait à la fois apaiser et remercier de conserver le blé emmagasiné.

Les nombreux puits et fosses rituels de la Grande-Bretagne et de l'Europe celtique avaient peut-être pour fonction essentielle d'établir un contact avec les Enfers, dont on se conciliait les dieux par des sacrifices et des ex-voto. Au sanctuaire de Gournay, cette activité rituelle s'organisait autour d'une énorme fosse centrale dans laquelle on laissait les cadavres du bétail sacrifié se putréfier et nourrir les dieux chthoniens.

On semble avoir souvent associé les chiens au monde infernal ; peut-être constituaient-ils en partie des symboles de mort en raison de leur imagerie de chasseurs et de charognards. On a découvert les cadavres de plusieurs chiens dans une fosse profonde du sanctuaire de Muntham Court, dans le Sussex ; cinq crânes de chiens étaient placés dans une cavité à Caerwent in Gwent. Certaines fosses de Danebury contenaient des chiens, et on pourrait encore citer de nombreux exemples. Les Cwn Annwn, les chiens de la mort des Enfers gallois, prouvent que le mythe rattachait les chiens à l'Autre Monde.

Images de renaissance

Le symbole de régénération le plus puissant que nous livrent les mythes irlandais et gallois est le « chaudron de renaissance ». Nous avons déjà vu la *bruidhen*, ou auberge de l'Autre Monde, et son inépuisable chaudron. Le dieu irlandais plus particulièrement associé à ce symbole est le Dagda. Le récit gallois de Branwen contient une description du chaudron magique irlandais de Bendigeit Vran : il rend la vie aux guerriers qui y restent plongés toute une nuit. Ceux-ci en ressortent aussi forts qu'auparavant, mais ils ont perdu la faculté de parler – signe indiscutable qu'ils sont toujours morts. Cette puissance régénératrice trouve un pendant dans le puits guérisseur du médecin divin irlandais, Diancecht, qui redonne vie aux guerriers morts en les immergeant dans l'eau et en récitant des incantations. Il faut noter, à ce sujet, qu'une des plaques intérieures du chaudron de Gundestrup montre peut-être les propriétés régénératives du chaudron : on y voit une grande figure surnaturelle à côté d'un groupe de soldats celtes, dont l'un est plongé dans une grande cuve de liquide, ou retiré de celle-ci, par le dieu.

Le récipient et le liquide possèdent tous deux un pouvoir de guérison et de régénération dans les mythes vernaculaires. Les témoignages archéologiques confirment ce lien entre les chaudrons et le rituel de l'eau : déjà à l'âge du bronze, on utilisait des chaudrons de cérémonie en feuilles de métal. On a découvert de nombreux grands chaudrons cultuels datant de l'âge du fer celtique : les récipients de Llyn Fawr et Llyn Cerrig, au Pays de Galles, de Bra, Rynkeby et Gundestrup, au Danemark, et de Duchcov, en Tchécoslovaquie, étaient tous associés à des lacs ou à des sources.

D'autres récipients et liquides symbolisaient la renaissance. Dans l'iconographie romano-celtique, en particulier en Bourgogne, le dieu au maillet gaulois est montré avec des tonneaux de vin et des gobelets de vin rouge qui semblent être des symboles de résurrection. L'imagerie de la chasse divine, qui hante de nombreux mythes, met en évidence un aspect intéressant des croyances des Celtes à propos de la mort et de la renaissance, associé au sang. Comme la chasse obligeait l'homme à répandre le sang pour se nourrir, l'acte de chasser acquérait le symbolisme attaché à la résurrection, ainsi que le dualisme interdépendant qui existe entre la vie et la mort. Le symbolisme du vin de l'iconographie bourguignonne peut lui aussi être lié au sang, à la mort et à la renaissance.

Certaines créatures symbolisent plus particulièrement le renouveau : le serpent représentait une image puissante de renaissance, et nous avons déjà évoqué l'association de ce reptile avec la mort et la fécondité. Les oiseaux, qui ont le pouvoir de quitter la terre en s'envolant, ont été assimilés tout naturellement à la libération de l'esprit quittant le corps après la mort, idée qui s'est perpétuée dans le symbolisme chrétien médiéval. Les divinités de l'Autre Monde sont souvent associées à des oiseaux : la Clodna irlandaise avait trois oiseaux magiques dont le chant guérissait ; les trois oiseaux chanteurs de Rhiannon dont parle le *Mabinogi* traduisaient cette idée de l'oiseau emblème de la vie après la mort. Une imagerie de régénération s'attachait aux cerfs, sans doute parce qu'ils se dépouillent saisonnièrement de leurs bois et que ceux-ci repoussent, symbolisant l'automne et le printemps.

Les arbres représentent des symboles de renaissance importants. Ceux à feuilles caduques semblent mourir en hiver et leurs branches nues se détachent sur le ciel comme les os d'un squelette, mais ils renaissent au printemps, produisant des feuilles nouvelles, puis des fruits. Leurs branches projetées vers le ciel et leurs racines plongeant profondément dans le sol en font un lien entre la vie et la mort, entre le monde d'en dessus et le monde d'en dessous. Il faut noter la présence des arbres, notamment des pommiers, dans de nombreux mythes relatifs à l'Autre Monde. Les oiseaux de Clodna se nourrissent des fruits d'un pommier sacré ; dans le *Voyage de Bran*, le symbole de la déesse de l'Autre Monde est une branche de pommier argentée portant des fleurs blanches. A l'ouest enfin, l'île bienheureuse du roman arthurien, Avalon, est un Paradis peuplé de pommiers.

Conseils de lecture

Plusieurs ouvrages de référence sur les Celtes anciens sont disponibles : T. G. E. Powell, *The Celts* (Londres, 1958, nombreuses réimpressions) ; B. Cunliffe, *The Celtic World* (Londres, 1979, 1992), qui propose une vue d'ensemble bien illustrée ; N. Chadwick, *The Celts* (Penguin, 1970). Le lecteur souhaitant une information détaillée et à jour sur les données archéologiques du monde celtique se reportera avec profit au catalogue extrêmement documenté et accompagné d'illustrations abondantes de l'exposition de Venise de 1991 (*The Celts*, Londres, 1991).

Il existe de nombreuses traductions et éditions des mythes vernaculaires de l'Irlande et du Pays de Galles. Un des meilleurs recueils de mythologie galloise est G. et T. Jones, *The Mabinogion* (Londres, 1976). La « matière » irlandaise est plus éparpillée : T. Kinsella, *The Táin* (Dublin, 1969), et C. O'Rahilly, *Táin Bó Cúalngé* (Dublin, 1970), présentent les principaux mythes du cycle d'Ulster. Sur les Túatha Dé Dánann, voir : H. d'Arbois de Jubainville, *Cours de littérature celtique* (Paris, 1883-1902, 7 volumes) ; T. F. O'Rahilly, *Early Irish History and Mythology* (Dublin, 1946). Parmi d'autres sources utiles sur l'Irlande : P. MacCana, *Celtic Mythology* (Londres, 1983) ; D. Ó'Hógain, *The Encyclopaedia of Irish Folklore, Legend and Romance* (Londres, 1991) ; T. P. Cross et C. H. Slover, *Ancient Irish Tales* (Londres, 1937) ; M. Dillon, *Early Irish Literature* (Chicago, 1948) ; J. Gantz, *Early Irish Myths and Sagas* (Penguin, 1981). Pour une analyse des mythes irlandais et gallois et de leurs liens avec les données archéologiques, voir : M.-L. Sjoestedt, *Gods and Heroes of the Celts* (Berkeley, 1982) ; A. et B. Rees, *Celtic Heritage* (Londres, 1961) ; M. J. Green, *Dictionary of Celtic Myth and Legend* (Londres, 1992).

Sur le passé archéologique des Celtes de l'âge du fer en Grande-Bretagne, voir B. Cunliffe, *Iron Age Communities in Britain* (Londres, 1991). Pour une étude des rapports entre Celtes et Indo-Européens, J. B. Mallory, *In Search of the Indo-Europeans* (Londres, 1989, à paraître en traduction française aux Éditions du Seuil) est sans doute la source la mieux fondée. Sur les sanctuaires et les rituels, voir : S. Piggott, *The Druids* (Londres, 1968, réimpressions) ; J.-L. Brunaux, *The Celtic Gauls : Gods, Rites and Sanctuaries* (Londres, 1988) ; A. Woodward, *Shrines and Sacrifice* (Londres, 1992) ; G. A. Wait, *Ritual and Religion in Iron Age Bri-*

tain (British Archeological Reports, Oxford, 1985) ; I. M. Stead, *Lindow Man : The Body in the Bog* (Londres, 1986). Sur l'art de l'âge du fer, voir R. et V. Megaw, *Celtic Art from its Beginnings to the Book of Kells* (Londres, 1989). Sur la religion et les dieux, voir : H. E. Davidson, *Myths and Symbols in Pagan Europe* (Manchester, 1988), qui explore les rapports entre la religion et les mythes scandinaves et celtiques ; M. J. Green, *The Gods of the Celts* (Gloucester, 1986), *Symbol and Image in Celtic Religious Art* (Londres, 1989, 1992) et *Animals in Celtic Life and Myth* (Londres, 1992) ; A. Ross, *Pagan Celtic Britain* (Londres, 1967) et *The Pagan Celts* (Londres 1986). Parmi les bonnes études d'ensemble parues en français, citons : P.-M. Duval, *Les Dieux de la Gaule* (Paris, 1976) ; J. de Vries, *La Religion des Celtes* (Paris, 1963 [cette traduction de l'allemand est contestée pour ses inexactitudes - *N.d. T.*]) ; E. Thevenot, *Divinités et Sanctuaires de la Gaule* (Paris, 1968).

La traductrice se permet de signaler les ouvrages suivants, dont la lecture lui a été très utile :

Histoire des religions (sous la direction de H.-C. Puech), Paris, Gallimard, coll. « Encyclopédie de la Pléiade », 1970 ; ce sont les orthographes de cet ouvrage qui ont été retenues.

M. Dillon, K. Nora Chadwick, C.-J. Guyonvarc'h et

F. Le Roux, *Les Royaumes celtiques*, Paris, Fayard, 1980.
H. Hubert, *Les Celtes et la Civilisation celtique*, Paris, Albin Michel, 1974.
–, *Les Celtes et l'Expansion celtique*, Paris, Albin Michel, 1974.
F. Le Roux et C.-J. Guyonvarc'h, *La Société celtique*, Rennes, Ouest-France, 1991.
M. Leturmy, *Dieu, héros et mythes*, Paris, Le Club français du livre, 1958.
J. Loth, *Les Mabinogion du Livre rouge de Hergest avec les variantes du Livre blanc de Rhydderch*, Paris, Slatkine, 1975.
La Razzia des Vaches de Cooley, Paris, Gallimard, coll. « L'aube des peuples », 1994, trad. de l'irlandais ancien, présenté et annoté par C.-J. Guyonvarc'h.

Et aussi :
J. Sharkey, *Mystères celtes*, Paris, Éd. du Seuil, 1975, trad. de l'anglais par M.-F. de Paloméra.

Index